# 宋刊監本纂圖重言重意互注點校尚書

題漢 孔安國傳 唐 陸德明釋文

《四部叢刊》影印吴興劉氏嘉業堂藏宋刊本

山東人民出版社·濟南

**圖書在版編目（CIP）數據**

宋刊監本纂圖重言重意互注點校尚書 /（漢）孔安國傳；（唐）陸德明釋文 .— 濟南：山東人民出版社，2024.3
（儒典）
ISBN 978-7-209-14351-6

Ⅰ.①宋… Ⅱ.①孔… ②陸… Ⅲ.①《尚書》- 注釋 Ⅳ.① K221.04

中國國家版本館 CIP 數據核字（2024）第 036118 號

項目統籌：胡長青
責任編輯：劉嬌嬌
裝幀設計：武　斌
項目完成：文化藝術編輯室

**宋刊監本纂圖重言重意互注點校尚書**
題〔漢〕孔安國傳　〔唐〕陸德明釋文

主管單位　山東出版傳媒股份有限公司
出版發行　山東人民出版社
出 版 人　胡長青
社　　址　濟南市市中區舜耕路517號
郵　　編　250003
電　　話　總編室（0531）82098914
　　　　　市場部（0531）82098027
網　　址　http://www.sd-book.com.cn
印　　裝　山東華立印務有限公司
經　　銷　新華書店

規　　格　16開（160mm×240mm）
印　　張　22.5
字　　數　180千字
版　　次　2024年3月第1版
印　　次　2024年3月第1次
ISBN 978-7-209-14351-6
定　　價　54.00圓

# 《儒典》選刊工作團隊

學術顧問　杜澤遜　李振聚　徐　泳

項目統籌　胡長青

責任編輯　劉　晨　劉嬌嬌　張艷艷

呂士遠　趙　菲　劉一星

# 前言

中國是一個文明古國、文化大國，中華文化源遠流長，博大精深。在中國歷史上影響較大的是孔子創立的儒家思想，因此整理儒家經典、注解儒家經典，爲儒家經典的現代化闡釋提供权威、典范、精粹的典籍文本，是推進中華優秀傳統文化創造性轉化、創新性發展的奠基性工作和重要任務。

中國經學史是中國學術史的核心，歷史上創造的文本方面和經解方面的輝煌成果，大量失傳了。西漢是經學的第一個興盛期，除了當時非主流的《詩經》毛傳以外，其他經師的注釋後來全部失傳了。東漢的經解衹有鄭玄、何休等少數人的著作留存下來，其餘也大都失傳了。南北朝至隋朝興盛的義疏之學，其成果僅有皇侃《論語疏》幸存於日本。五代時期精心校刻的《九經》、北宋時期國子監重刻的《九經》以及校刻的單疏本，也全部失傳。南宋國子監刻的單疏本，我國僅存《周易正義》、《爾雅疏》、《春秋公羊疏》（三十卷殘存七卷）、《春秋穀梁疏》（十二卷殘存七卷），日本保存了《尚書正義》、《毛詩正義》、《禮記正義》（七十卷殘存八卷）、《周禮疏》（日本傳抄本）、《春秋公羊疏》（日本傳抄本）、《春秋正義》（日本傳抄本）。南宋兩浙東路茶鹽司刻八行本，我國保存下來的有《周禮疏》、《禮記正義》、《春秋左傳正義》（紹興府刻）、《論語注疏解經》（二十卷殘存十卷）、《孟子注疏解經》（存臺北『故宫』），日本保存有《周易注疏》《尚書正義》（凡兩部，其中一部被清楊守敬購歸）。南宋福建刻十行本，我國僅存《春秋穀梁注疏》、《春秋左傳注疏》（六十卷，一半在大陸，一半在臺灣），日本保存有《毛詩注疏》《春秋左傳注疏》。從這些情況可以看出，經書代表性的早期注釋和早期版本國内失傳嚴重，有的僅保存在東鄰日本。

鑒於這樣的現實，一百多年來我國學術界、出版界努力搜集影印了多種珍貴版本，但是在系統性、全面性和準確性方面都還存在一定的差距。例如唐代開成石經共十二部經典，石碑在明代嘉靖年間地震中受到損害，明代萬曆初年西安府學等學校師生曾把損失的文字補刻在另外的小石上，立於唐碑之旁。近年影印出版唐石經拓本多次，都是以唐代石刻與明代補刻割裂配補的裱本爲底本。由於明代補刻采用的是唐碑的字形，這種配補本難以區分唐刻與明代補刻，不便使用，亟需單獨影印唐碑拓本。

爲把幸存於世的、具有代表性的早期經解成果以及早期經典文本收集起來，系統地影印出版，我們規劃了《儒典》編纂出版項目。

《儒典》出版後受到文化學術界廣泛關注和好評，爲了滿足廣大讀者的需求，現陸續出版平裝單行本。共收録一百十一種元典，共計三百九十七册，收録底本大體可分爲八個系列：經注本（以開成石經、宋刊本爲主。開成石經僅有經文，無注，但它是用經注本删去注文形成的）、經注附釋文本、纂圖互注本、單疏本、八行本、十行本、宋元人經注系列、明清人經注系列。

《儒典》是王志民、杜澤遜先生主編的。本次出版單行本，特請杜澤遜、李振聚、徐泳先生幫助酌定選目。特此説明。

二〇二四年二月二十八日

# 目録


尚書序　一
尚書卷第一　二一
尚書卷第二　四五
尚書卷第三　七一
尚書卷第四　一〇一
尚書卷第五　一二七
尚書卷第六　一五九
尚書卷第七　一七九
尚書卷第八　二一一
尚書卷第九　二四三
尚書卷第十　二六五
尚書卷第十一　二九五
尚書卷第十二　三一九
尚書卷第十三　三四三

# 尚書序

唐國子博士兼太子中允贈齊州刺史吳縣開國男陸　德明　釋文附

〔釋文〕此孔氏所作述尚書起之時代并敘爲注之由故相承講之今依舊爲音

古者伏犧氏之王天下也。始畫八卦。造書契。以代結繩之政。由是文籍生焉。〔釋文〕伏犧氏伏古作宓犧本又作羲亦作戲許皮反說文云賈侍中說此犧非古字張揖字詁云羲古字戲今字氏一號包羲氏三皇之最先風姓母曰華胥以木德王即太皞也〔王〕于況反〔畫〕乎麥反〔卦〕俱賣反〔契〕苦計反書者文字契者刻木而書其側故曰書契也一云以書契約其事也鄭玄云以書書木邊言其事刻其木謂之書契也〔結〕結繩易繫辭云上古結繩以治後世聖人易之以書契〔文〕文字也〔籍〕籍書

伏犧神農。黃帝之書。謂之三墳。言大道也。〔釋文〕神農炎帝也姜姓母曰女登以火德王三皇之一也黃帝軒轅也姬姓少典之子母曰附寶以土德王三皇之三也史記云姓公孫名軒轅一號有

熊氏〔賁〕扶云反大也少昊顓頊高辛唐虞之書謂之五典言常道也〔釋文〕〔少〕詩照反〔昊〕胡老反少昊金天氏名摯字青陽一曰玄囂已姓黃帝之子母曰女節以金德王五帝之最先〔顓〕音專〔頊〕許玉反顓頊高陽氏姬姓黃帝之孫昌意之子母曰景僕謂之女樞以水德王五帝之二也高辛帝嚳也姬姓〔嚳〕口毒反母曰不見以木德王五帝之三也唐帝堯也姓伊耆氏堯初爲唐侯後爲天子都陶故號陶唐氏帝嚳之子帝摯之弟母曰慶都以火德王五帝之四也虞帝舜也姓姚氏國號有虞顓頊六世孫瞽瞍之子母曰握登以土德王五帝之五也先儒解三皇五帝與孔不同並見發題至于夏商周之書雖設教不倫雅誥奧義其歸一揆是故歷代寶之以爲大訓〔釋文〕夏禹天下號也以金德王三王之最先商湯天下號也亦號殷以水德王三王之二也周文王武王有天下號也以木德王三王之三也〔誥〕故報反告也示也〔奧〕烏報反深也〔揆〕葵癸反度也八卦之說謂之八索求其義也九州之志謂之九丘丘聚也言九州

所有土地所生風氣所宜皆聚此書也。春秋左氏傳曰：楚左史倚相能讀三墳五典八索九丘。即謂上世帝王遺書也。釋文：八索，所白反，下同，求也，徐音素，本或作素。左史，史官在左。倚，於綺反，劉琴綺反。相，息亮反。倚相，楚靈王時史官也。先君孔子生於周末，覩史籍之煩文，懼覽之者不一，遂乃定禮樂，明舊章，删詩爲三百篇，約史記而修春秋，讚易道以黜八索，述職方以除九丘，討論墳典，斷自唐虞以下，訖于周。芟夷煩亂，翦截浮辭，舉其宏綱，撮其機要，足以垂世立教。釋文：删，色姦反。斷，丁亂反。訖，居乙反，又許乙反。芟，所銜反。翦，子淺反。撮，七活反。機，本又作幾。典謨訓誥誓命之文凡百篇，所以恢洪至道示人主以軌範也[釋文]典凡十五篇正典二攝十三十一篇二二[謨]莫胡反凡三篇正二攝一[訓]凡十六篇正二篇二攝十四二[誥]篇二誥凡三十八篇正八攝三十十八篇二二[誓]市制反凡十篇正八攝二一篇二命凡十八篇正十二三篇二攝六四篇二[恢]苦回反大也帝王之制坦然明白可舉而行三千之徒並受其義[釋文][坦]他但反及秦始皇滅先代典籍焚書坑儒天下學士逃難解散釋文始皇名政二十六年初并六國自號始皇帝焚詩書在始皇之三十四年坑儒在三十五年○[坑]苦庚反[難]乃旦反[解]音蟹我先人用藏其家書于屋壁漢室龍興開設學校旁求儒雅以闡大猷[釋文][校]戶教反詩箋云鄭國謂學為校[闡]尺善反大也明也濟南伏生年過九十失其本經口以傳授裁二十餘篇以其上古之書謂之尚書百篇之義世

莫得聞釋文〔濟〕子禮反郡名也伏生名勝〔過〕古臥反後同〔傳〕直專反下傳之同〔二〕十餘篇即馬鄭所注二十九篇是也至魯共王好治宮室壞孔子舊宅以廣其居釋文〔共〕音恭亦作龔又作恭共王漢景帝之子名餘〔好〕呼報反下好古同〔壞〕音怪下同字林作數云公壞反毁也於

壁中得先人所藏古文虞夏商周之書及傳論

語孝經皆科斗文字釋文傳謂春秋也一云周易十翼非經謂之傳〔論〕如字又音倫〔科〕苦禾反科斗蟲名蝦蟇子書形似之王又升孔子堂聞金石絲竹之音

乃不壞宅悉以書還孔氏科斗書廢已久時人

無能知者以所聞伏生之書考論文義定其可

知者為隸古定更以竹簡寫之增多伏生二十

五篇〔隸〕音麗謂用隸書寫古文二十五篇謂虞書大禹謨夏書五子之歌胤征商書仲虺之誥湯誥伊訓太甲三篇

咸有一德說命三篇周書泰誓三篇武成旅獒微子之命蔡仲之命周官君陳畢命君牙冏命伏生又以舜典合於堯典。益稷合於皐陶謨。盤庚三篇合爲一。康王之誥合於顧命（合舊音閤又如字下同皐音高本又作咎陶音遥本又作繇盤步干反又作般）復出此篇并序。凡五十九篇。爲四十六卷（復扶又反下同五十九篇即今所行五十八篇其一是百篇之序）其餘錯亂摩滅。弗可復知（謂虞書汨作九共九篇槀飫夏書帝告釐沃湯征汝鳩汝方商書夏社疑至臣扈典寶明居肆命徂后沃丁咸乂四篇伊陟原命仲丁河亶甲祖乙高宗之訓周書分器旅巢命歸禾嘉禾成王政將蒲姑賄肅愼之命亳姑凡四十二篇亡）悉上送官。藏之書府。以待能者。承詔爲五十九篇作傳（上時掌反爲于僞反）於是遂研精覃思。博考經籍。採摭羣言。以立訓傳。約文申義。敷暢厥旨。庶幾有補於將來（覃徒南反深也　思息嗣反　採本又作采　摭之石反又之若反　敷芳夫反　暢音悵）書序序所以爲作者之意昭然義見宜相附近故引之各冠其篇首（爲于僞反又如字　見賢遍反）定五十八篇既畢會國有巫蠱事經籍道息用不復以聞傳之子孫以貽後代若好古博雅君子與我同志亦所不隱也（巫蠱漢武帝末征和中江充造蠱敗戾太子故經籍道息焉　巫音無　蠱音古　貽以之反遺也）

尚書序

# 書學傳

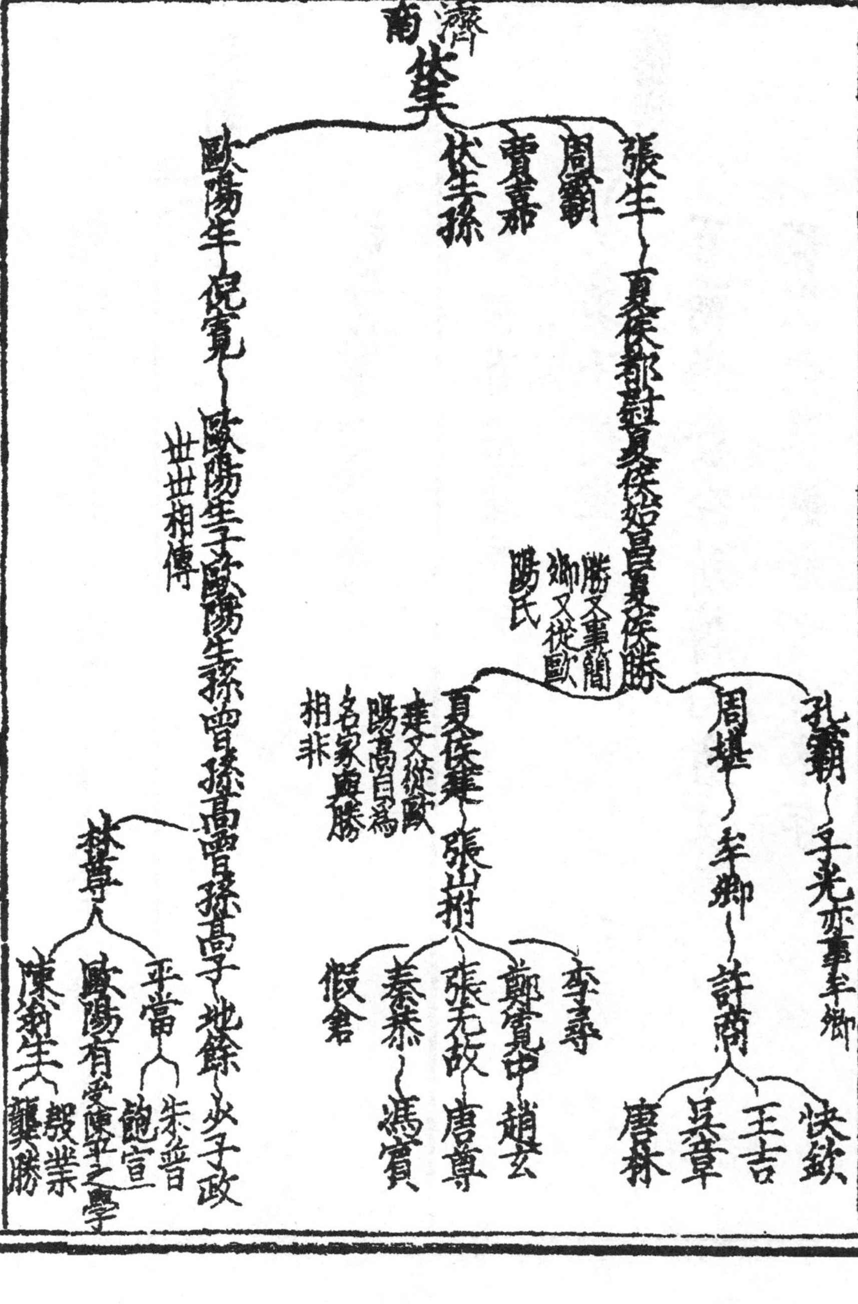
濟南伏生
張生
夏侯都尉
夏侯始昌
夏侯勝
勝又事簡卿又從歐陽氏
孔霸
子光亦事牟卿
周堪
牟卿
許商
炔欽
王吉
吳章
唐林
夏侯建
建又從歐陽高自為名家與勝相非
張山拊
李尋
鄭寬中
趙玄
張無故
唐尊
秦恭
馮賓
假倉
周霸
賈嘉
伏生孫
歐陽生
倪寬
歐陽生子
歐陽生孫
曾孫高
高孫地餘
地餘少子政
世世相傳
林尊
平當
朱普
鮑宣
歐陽有
受陳平之學
陳翁生
殷業
龔勝

# 授之圖

孔安國

都尉朝—庸生—胡常—徐敖

王璜—塗惲—桑欽

司馬遷從問不能卒業

張霸

辭授百兩篇於父

父弟子樊並

百兩先廢今所傳乃古文

書伏生學絕惟大傳略存

# 唐虞夏商

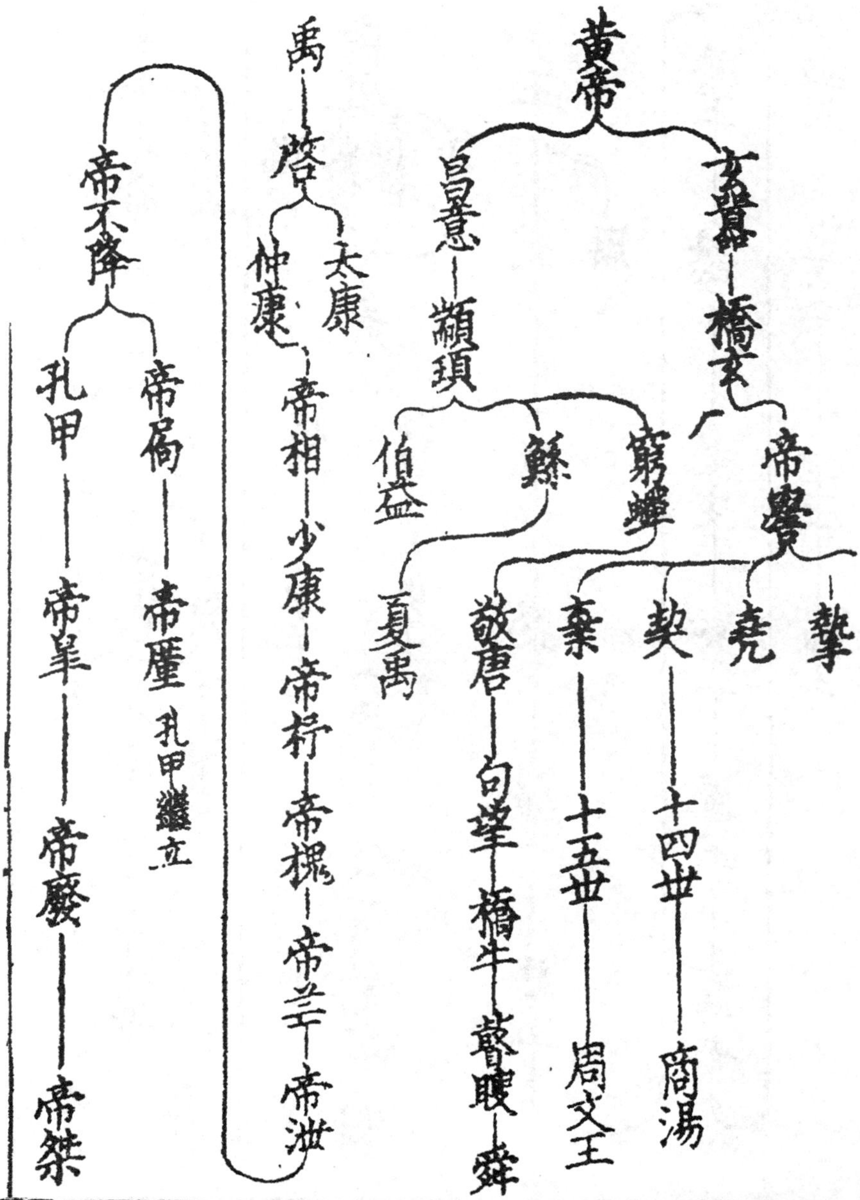
黄帝
昌意
玄嚣
顓頊
蟜極
伯益
鯀
窮蟬
帝嚳
夏禹
敬康
句望
蟜牛
瞽瞍
舜
棄
十五世
周文王
契
十四世
商湯
堯
摯
禹
啓
太康
仲康
帝相
少康
帝杼
帝槐
帝芒
帝泄
帝不降
帝扃
帝廑
孔甲繼立
孔甲
帝皐
帝發
帝桀

# 周譜系圖

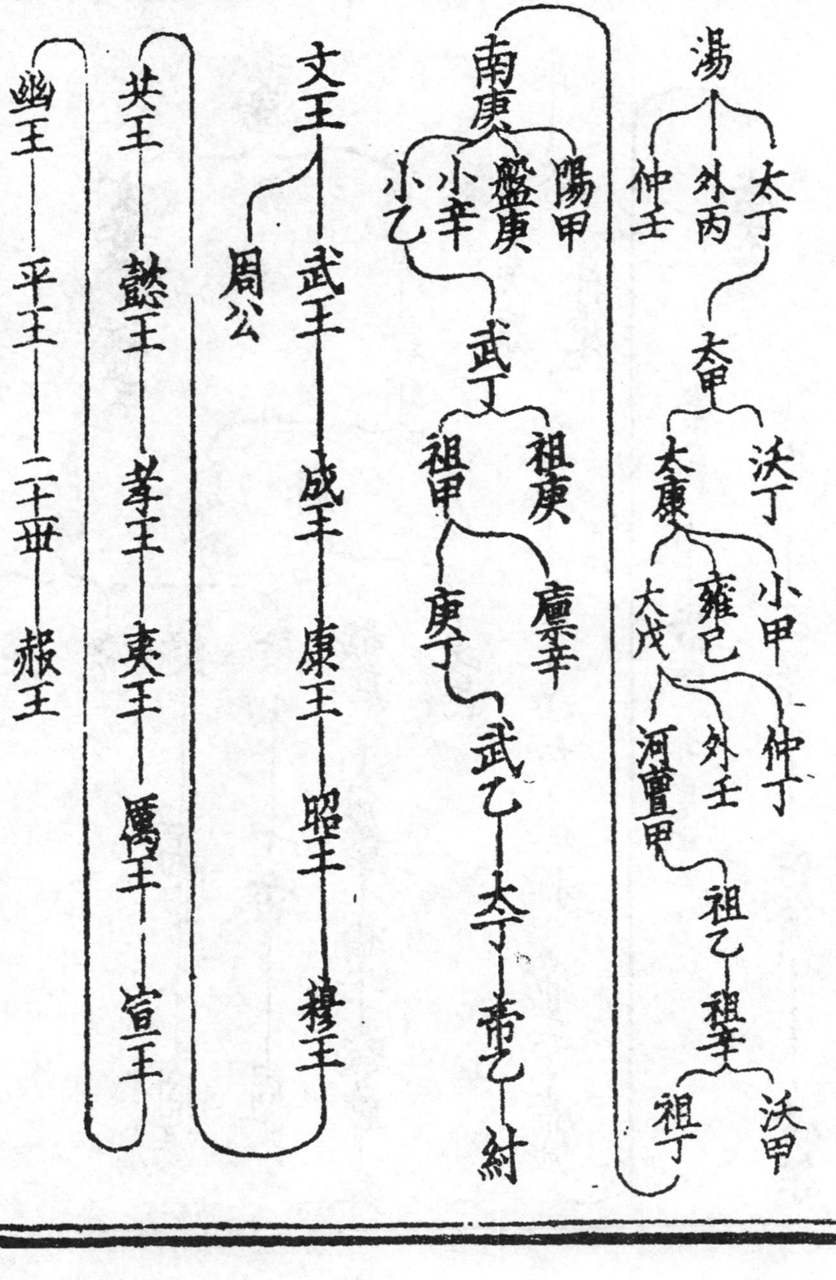
湯
太丁
外丙
仲壬
太甲
沃丁
太庚
小甲
雍己
大戊
仲丁
外壬
河亶甲
祖乙
祖辛
沃甲
祖丁
南庚
陽甲
盤庚
小辛
小乙
武丁
祖庚
祖甲
廩辛
庚丁
武乙
太丁
帝乙
紂
文王
周公
武王
成王
康王
昭王
穆王
共王
懿王
孝王
夷王
厲王
宣王
幽王
平王
二十世
赧王

# 堯制五服圖

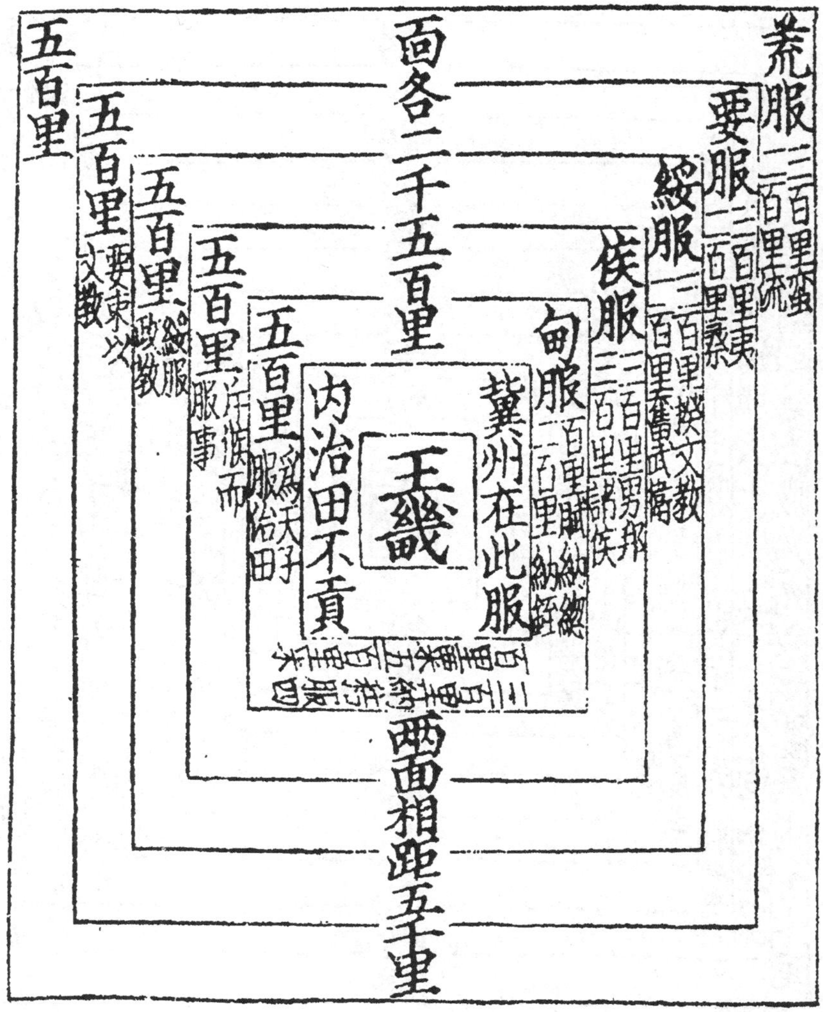

荒服
要服
綏服
侯服
甸服
冀州在此服
王畿
內治田不貢
面各二千五百里
兩面相距五千里
五百里
五百里
五百里
五百里
五百里

# 禹弼五服圖

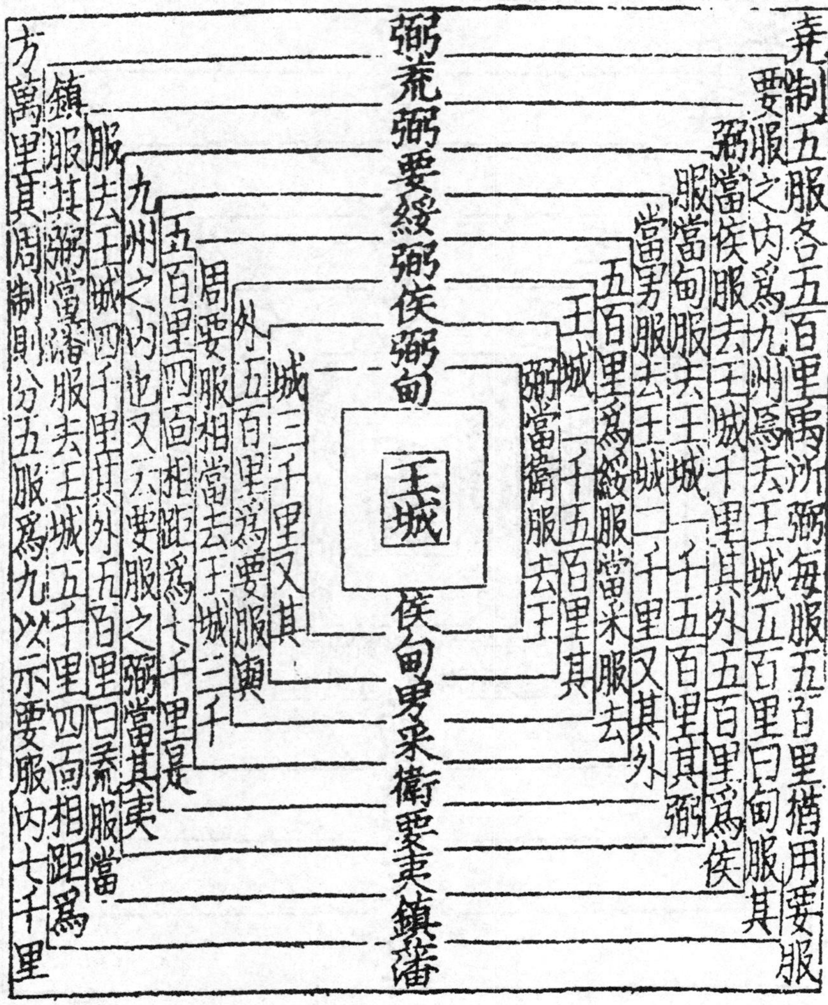
堯制五服各五百里禹所弼每服五百里猶用要服
要服之內爲九州爲去王城五百里曰甸服其
弼當侯服去王城千里其外五百里爲侯
服當甸服去王城一千五百里其弼
當男服去王城二千里又其外
五百里爲綏服當采服去
王城二千五百里其
弼當衛服去王
弼荒弼要綏弼侯弼甸
王城
侯甸男采衛要夷鎮蕃
城三千里又其
外五百里爲要服與
周要服相當去王城三千
五百里四面相距爲七千里是
九州之內也又云要服之弼當其夷
服去王城四千里其外五百里曰荒服當
鎮服其弼當蕃服去王城五千里四面相距爲
方萬里其周制則分五服爲九以示要服內七千里

# 伏生洪範九疇圖

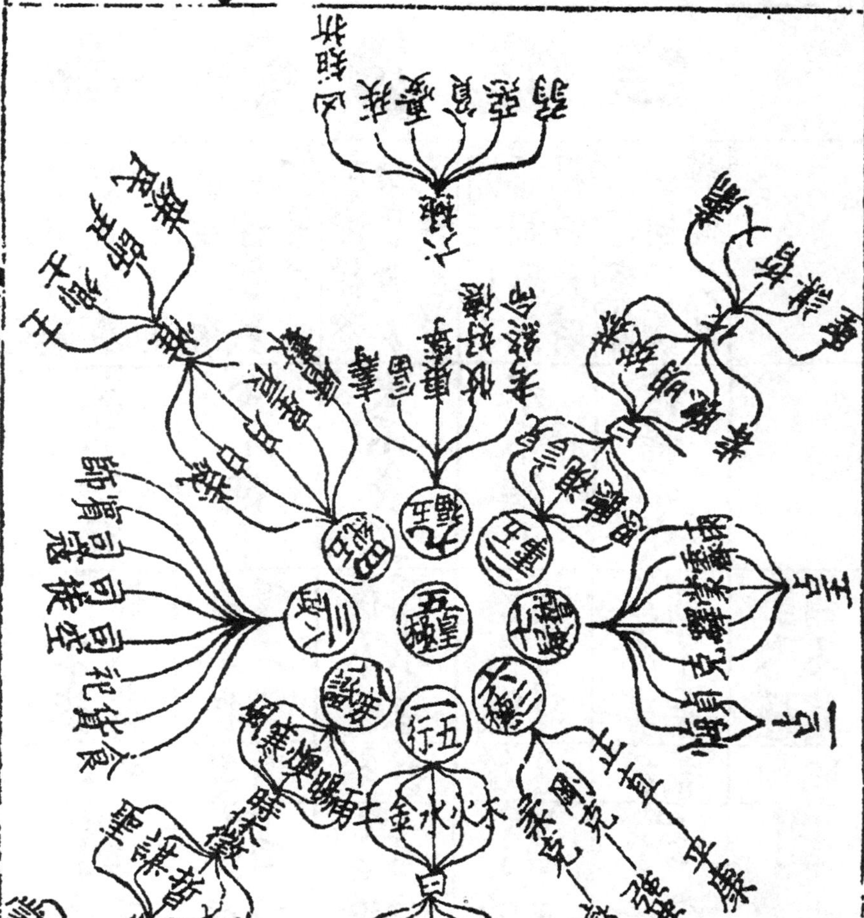

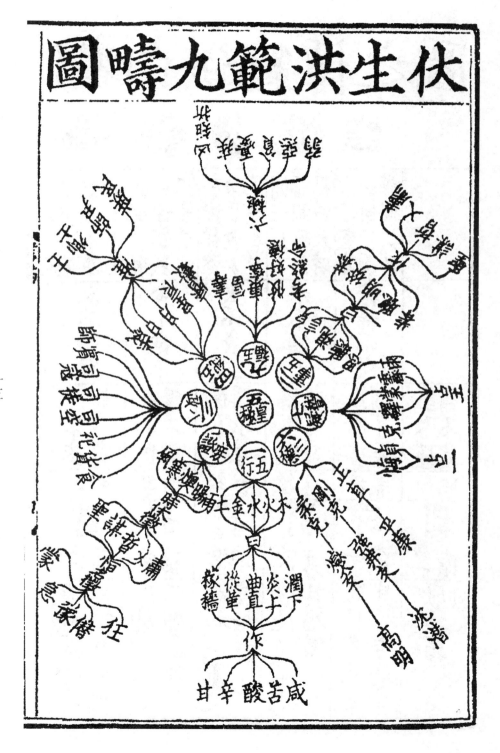

# 劉向洪範傳之圖

| 五行 | 失政 | 五行之變 | 五事之咎 | 罰 | 常·極·福 |
|---|---|---|---|---|---|
| 木 | 田獵不宿 飲食不享 出入不節 | 木不曲直 | 貌不恭咎 謂不肅狂 | 罰 | 常雨 厥極惡 順之其福攸好德 |
| 金 | 好攻戰 輕百姓 飾城郭 侵邊境 | 金不從革 | 言不從咎 謂不乂僭 | 罰 | 常暘 厥極憂 順之其福康寧 |
| 火 | 棄法律 逐功臣 殺太子 以妾爲妻 | 火不炎上 | 視不明咎 謂不哲舒 | 罰 | 常燠 厥極疾 順之其福壽 |
| 水 | 簡宗廟 不禱祠 廢宗祀 逆天時 | 水不潤下 | 聽不聰咎 謂不謀急 | 罰 | 常寒 厥極貧 順之其福富 |
| 土 | 治宮室 飾臺榭 犯姦 謀侮父兄 | 稼穡不成 | 思不睿咎 謂不聖蒙 | 罰 | 常風 厥極凶 順之其福考終命 |
| | | | 皇不極咎 謂不建眊 | 罰 | 常陰 厥極弱 |

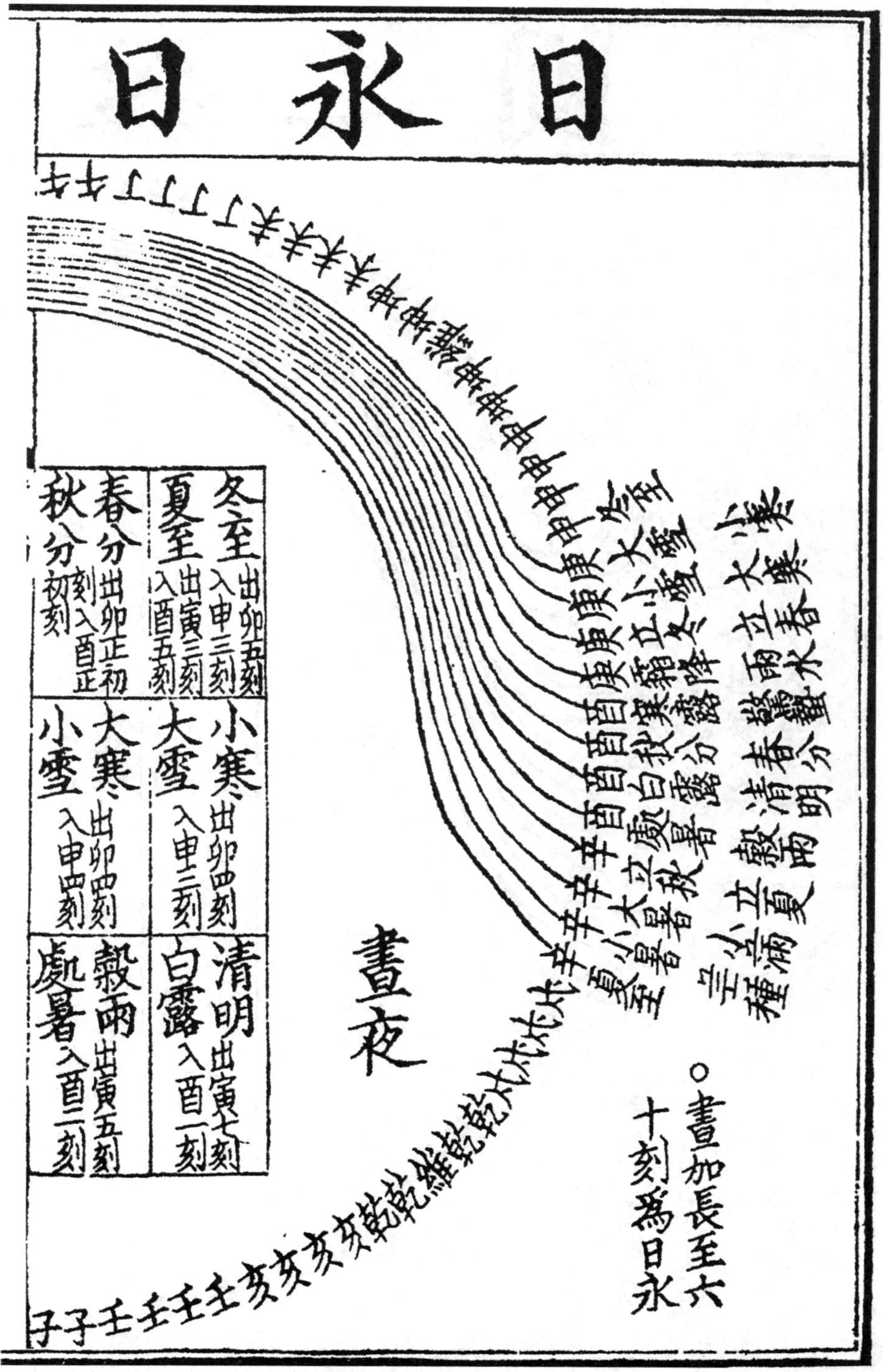
日永日
冬至出卯五刻入申三刻
夏至出寅三刻入酉五刻
春分出卯正初刻入酉正
秋分初刻
小寒出卯四刻入申三刻
大雪
大寒出卯四刻入申四刻
小雪
清明出寅七刻入酉一刻
白露
穀雨出寅五刻入酉三刻
處暑
晝夜
○晝加長至六十刻爲日永

# 短之圖

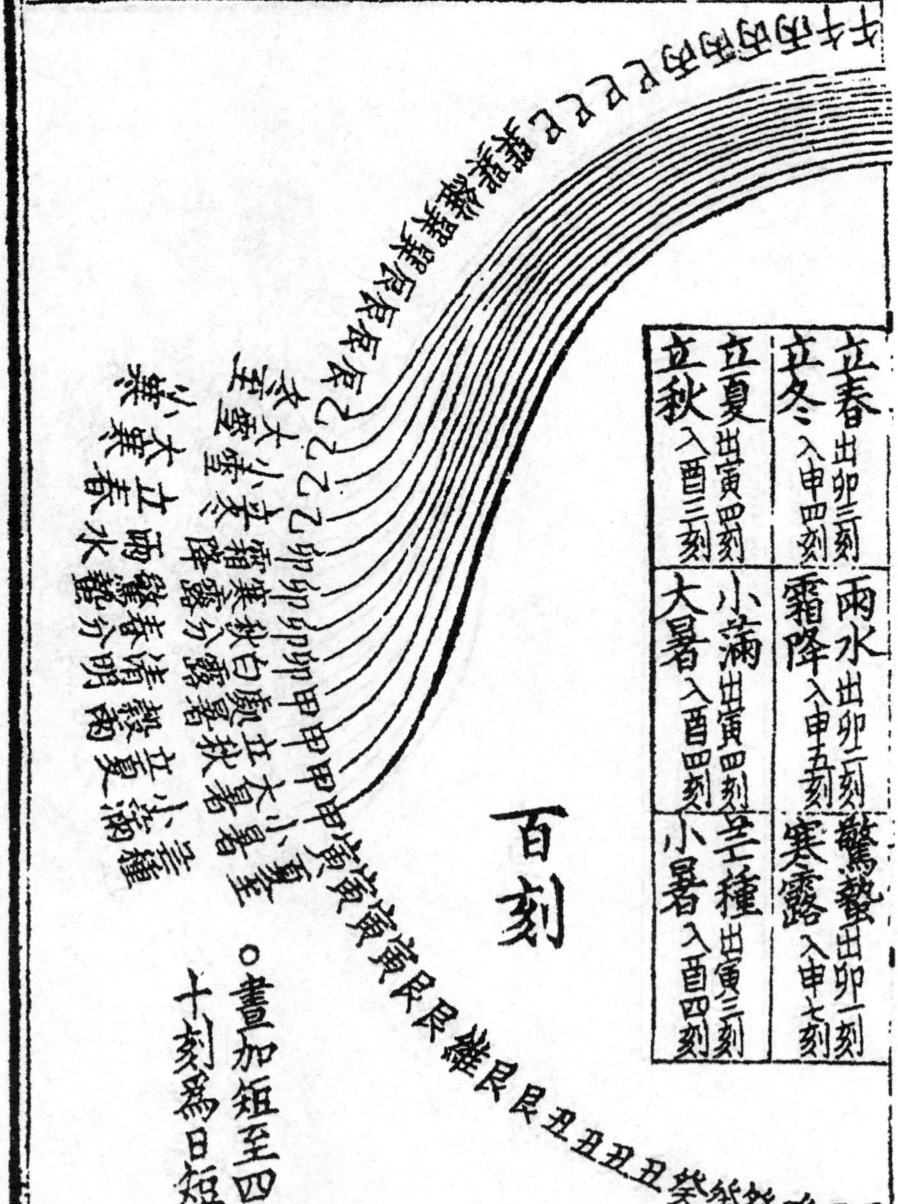

立春出卯三刻
立冬入申四刻
雨水出卯二刻
霜降入申五刻
驚蟄出卯一刻
寒露入申七刻
立夏出寅四刻
立秋入酉三刻
小滿出寅四刻
大暑入酉四刻
芒種出寅三刻
小暑入酉四刻
百刻
○晝加短至四十刻爲日短

# 隨山濬

林少穎先生云禹之隨山有此四節自導岍及岐至入于海一也自西傾至于陪尾二也自嶓冢至於大別三也自岷山至于敷淺原四也皆自其水發源之處導至注於下流然後施功焉

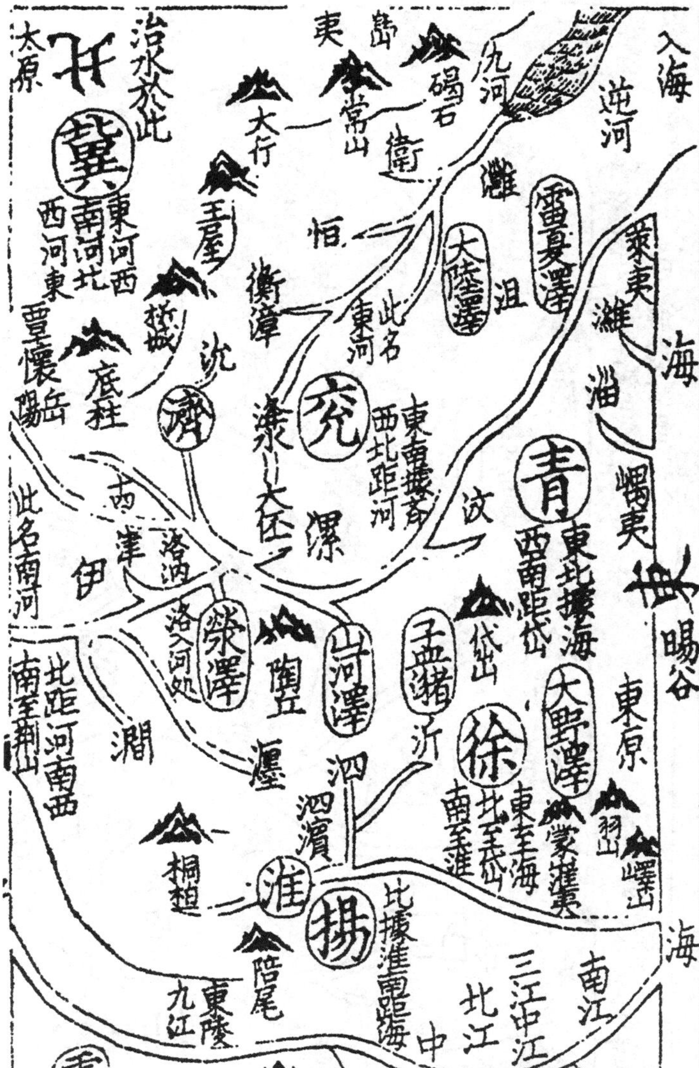

# 川之圖

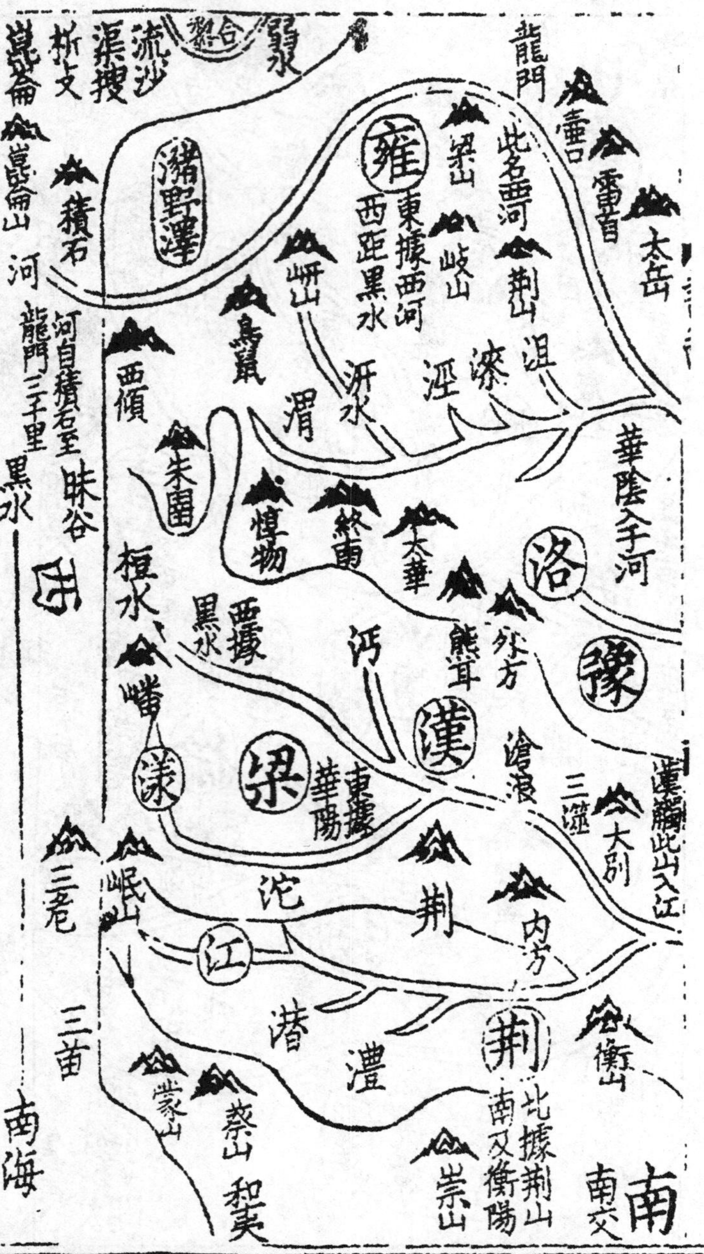

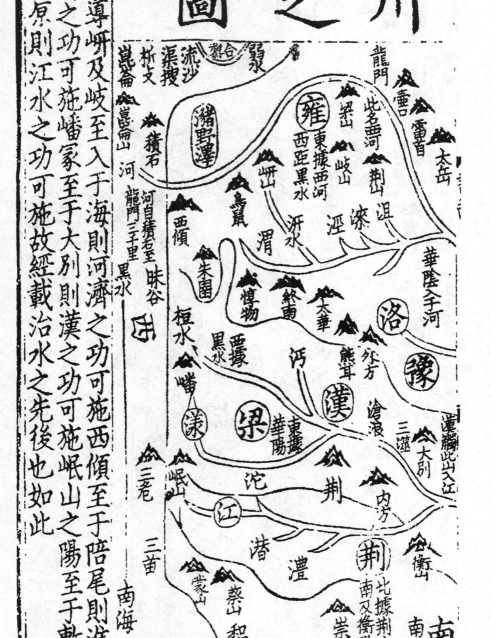

益導岍及岐至入于海則河濟之功可施西傾至于陪尾則淮渭之功可施嶓冢至于大別則漢之功可施岷山之陽至于敷淺原則江水之功可施故經載治水之先後也如此

# 監本纂圖重言重意互註點校尚書卷第一

## 堯典第一　虞書　孔氏傳

昔在帝堯。聰明文思。光宅天下。言聖德之遠著昔古也堯唐帝名馬融云謚也翼善傳聖曰堯（聰）千公反（思）息嗣反又如字下同（著）張慮反（重意）昔在帝堯聰明文思（冏）命昔在文武聰明齊聖

將遜于位。讓于虞舜。遜遁也老使攝遂禪之（遜）本又作遯徒遜反退也避也禪時戰反讓也授也

作堯典。言堯可為百代常行之道

曰若稽古帝堯。若順稽考也能順考古道而行之者帝堯（重言）若稽古四本篇舜典大禹謨皋陶謨各一○又周官唐虞稽古又微子之命惟稽古

曰放勳。欽明文思安安。勳功欽敬也言堯放上世之功化而以敬明文思之四德安天下之當安者（放）方往反（注）同徐云鄭王如字（勳）許云反功也馬云放勳堯名皇甫謐同一云放勳堯字欽明文思馬云威儀表備謂之欽照臨四方謂之明經緯天地謂之文道德純備謂之思

允恭克讓。光被四表。

格于上下。允信克能光充格至也既有四德又信恭能讓故其名聞充溢四外至于天地(被)皮寄反徐扶義反(聞)音問本亦作問(溢)音逸【重意】光被四表泰誓光于四方呂刑灼于四方○格于上下皐陶謨達于上下

克明俊德。以親九族。能明俊德之士任用之以睦高祖玄孫之親九族上自高祖下至玄孫凡九族馬鄭同【重意】以親九族皐謨惇叙九族仲虺之誥九族乃離【互注】記大學帝典曰克明俊德康誥曰克明德太甲曰顧諟天之明命皆自明也

九族既睦。平章百姓。既已也百姓百官言化九族而平和章明

百姓昭明。協和萬邦。黎民於變時雍。昭亦明也協合黎衆時是雍和也言天下衆民皆變化化上是以風俗大和(黎)力兮反

乃命羲和。欽若昊天。曆象日月星辰。敬授人時。重黎之後羲氏和氏世掌天地四時之官故堯命之使敬順昊天昊天言元氣廣大星四方中星辰日月所會曆象其分節敬記天時以授人也此舉其目下別序之羲和馬云羲氏掌天官和氏掌地官四子掌四時(昊)胡老反(重)直龍反少昊之後黎高陽之後日月所會謂日月交會於十二次也寅

曰析木卯曰大火辰曰壽星巳曰鶉尾午曰鶉火未曰鶉首申曰實沉酉曰大梁戌曰降婁亥曰娵訾子曰玄枵丑曰星紀

〔重意〕曆象日月星辰敬授人時舜典協時月正日

分命羲仲。宅嵎夷。曰暘谷。宅居也東表之地稱嵎夷暘明也日出於谷而天下明故稱暘谷暘谷嵎夷一也羲仲居治東方之官〔嵎〕音隅馬曰嵎海嵎也夷萊夷也尚書考靈耀及史記作禺銕〔暘〕音陽〔谷〕工木反又音欲下同馬云暘谷海嵎夷之地名日出於谷本或作日出於陽谷陽衍字

寅賓出日。平秩東作。寅敬賓導秩序也歲起於東而始就耕謂之東作東方之官敬導出日平均次序東作之事以務農也〔寅〕徐以真反又音夷下同〔賓〕如字徐音殯馬云從也〔出〕尺遂反又如字注同〔平〕如字馬作苹普耕反云使也下皆放此〔秩〕如字

日中星鳥。以殷仲春。日中謂春分之日鳥南方朱鳥七宿殷正也春分之昏鳥星畢見以正仲春之氣節轉以推季孟則可知〔中〕貞仲反又如字〔殷〕於勤反馬鄭云中也〔宿〕音秀下同〔見〕賢遍反下同

厥民析。鳥獸孳尾。冬寒無事並入室處春事既起丁壯就功厥其也言其民老壯分析乳化曰孳交接曰尾〔析〕星歷反〔孳〕音字〔乳〕儒付反說文云人及鳥生子曰乳獸曰産

申命

羲叔宅南交（申重也南交言夏與春交舉一隅以見之此居治南方之官重直用反）平秩南訛敬致（訛化也掌夏之官平序南方化育之事敬行其教以致其功四時同之亦舉一隅訛五禾反）日永星火以正仲夏（永長也謂夏至之日火蒼龍之中星舉中則七星見可知以正仲夏之氣節季孟亦可知）厥民因鳥獸希革（因謂老弱因就在田之丁壯以助農也夏時鳥獸毛羽希少改易革改也）分命和仲宅西曰昧谷（昧冥也日入於谷而天下冥故曰昧谷昧谷曰西則嵎夷東可知此居治西方之官掌秋天之政昧武內反冥莫定反）寅餞納日平秩西成（餞送也日出言導日入言送因事之宜秋西方萬物成平序其政助成物也餞賤衍反馬云滅也滅猶沒也）宵中星虛以殷仲秋（宵夜也春言日秋言夜互相備虛玄武之中星亦言七星皆以秋分日見以正三秋）厥民夷鳥獸毛毨（夷平也老壯在田與夏平也毨理也毛更生整理毨先典反說文云仲秋鳥獸毛盛可選取以為器用也）申命和叔宅朔方曰幽都平在朔

易北稱朔亦稱方言一方則三方見矣北稱幽則南稱明從可知也都謂所聚也易謂歲改易於北方平均在察其政

以順天常上揔言羲和敬順昊天此分別仲叔各有所掌【別】彼列反下同日短星昴以正仲冬日短冬至之日昴白虎之中星亦以七星並見以正冬之三節厥民隩鳥獸氄毛隩室也民改歲入此室處以辟風寒鳥獸皆生耎毳細毛以自溫焉【隩】於六反馬云煖也【氄】如勇反徐又而充反馬云溫柔貌【辟】音避【耎】如兗反本或作濡音儒【毳】尺銳反

帝曰咨汝羲暨和朞三百有六旬有六日以閏月定四時成歲咨嗟暨與也匝四時曰朞一歲十二月月三十日正三百六十日除小月六為六日是為一歲有餘十二日未盈三歲足得一月則置閏焉以定四時之氣節成一歲之曆象【暨】其器反【朞】居其反下同【旬】似遵反十日為旬【匝】子合反

允釐百工庶績咸熙允信釐治工官績功咸皆熙廣也言定四時成歲曆以告時授事則能信治百官衆功皆廣歎其善【釐】力之反【熙】許其反興也【重言】庶績咸熙二又見舜典又皐陶謨庶績其疑

帝曰疇咨若時登庸疇誰庸用也誰能咸

熙庶績順是事者將登用之疇直由反 放齊曰胤子朱啓明帝曰吁嚚訟可乎 放齊臣名胤國子爵朱名啓開也吁疑怪之辭言不忠信爲嚚又好爭訟可乎言不可放方往反注同胤引信反馬云嗣也吁況于反徐往付反一音于嚚魚巾反下注同爭鬭也 重言 帝曰吁四本篇三益稷一 帝曰疇咨若予采 采事也復求誰能順我事者予音餘又羊汝反采七在反馬云官也復扶又反 驩兜曰都共工方鳩僝功 驩兜臣名都於歎美之辭共工官稱鳩聚僝見也歎共工能方方聚見其功驩呼端反兜丁侯反共音恭注同僝仕簡反徐音撰馬云具也於音烏稱尺證反 帝曰吁靜言庸違象恭滔天 靜謀滔漫也言共工自爲謀言起用行事而違背之貌象恭敬而心傲很若漫天言不可用滔吐刀反漫末旦反下同又末寒反背音佩傲五報反下同很胡懇反 帝曰咨四岳 四岳即上羲和之四子分掌四岳之諸侯故稱焉 重言 咨四岳四本篇舜典各二 湯湯洪水方割 湯湯流貌洪大割害也言大水方方爲害湯並音傷洪戶工反 蕩蕩懷山襄陵浩

浩滔天蕩蕩言水奔突有所滌除懷包襄上也包山上陵若浩浩盛大若漫天〔滔〕胡老反〔滌〕大歷反〔上〕時掌反下

民其咨。有能俾乂俾使乂治也言民咨嗟憂愁病水困苦故問四岳有能治者將使之〔俾〕必已反

〔重意〕湯湯洪水方割蕩蕩懷山襄陵浩浩滔天下民其咨益稷洪水滔天浩浩懷山襄陵下民昏墊

僉曰。於。鯀哉僉皆也鯀崇伯之名朝臣舉之〔僉〕七廉反又七劒反〔於〕音烏〔鯀〕故本反馬云禹父也〔朝〕直遥反〔重言〕僉曰四本篇一舜典三〇於二又見大禹謨篇

帝曰。吁。咈哉。方命圮族凡言吁者皆非帝意咈戾圮毀族類也言鯀性很戾好比方名命而行事輒毀敗善類〔咈〕扶弗反忿戾也〔方〕如字馬云方放也徐云鄭王音放〔圮〕皮美反〔戾〕力計反

岳曰。异哉。試可乃已异已也退也言餘人盡已惟鯀可試無成乃退〔异〕徐云鄭音異孔王音怡〔重言〕岳曰三連見下文

帝曰。往欽哉勑鯀往治水命使敬其事堯知其性很戾圮族未明其所能而據衆言可試故遂用之〔重言〕往欽哉三本篇舜典益稷各一

九載績用弗成載年也三考九年功用不成則放退之

帝曰。咨四岳。朕在位七十

載堯年十六以唐侯升爲天子在位七十年則時年八十六老將求代（朕）直錦反馬云我也〔重言〕咨四岳四本篇二舜典二汝能庸命巽朕位巽順也言四岳能用帝命故欲使順行帝位之事（巽）音遜馬云讓也岳曰否德忝帝位否不忝辱也辭不堪（否）方久反又音鄙（忝）他簟反曰明明揚側陋堯知子不肖有禪位之志故明舉明人在側陋者廣求賢也（肖）音笑說文云肖骨肉相似也不似其先故曰不肖師錫帝曰有鰥在下曰虞舜師衆錫與也無妻曰鰥虞氏舜名在下民之中衆臣知舜聖賢恥己不若故不舉乃不獲已而言之（錫）星歷反（鰥）故頑反虞舜虞氏舜名也馬云舜謚也舜死後賢臣錄之臣子爲諱故變名曰謚帝曰俞予聞如何俞然也然其所舉言我亦聞之其德行如何（俞）羊朱反（行）下孟反下其行同〔重言〕帝曰俞十二本篇一舜典八大禹謨二益稷一○如何三本篇皋陶謨益稷各一岳曰瞽子父頑母嚚象傲無目曰瞽舜父有目不能分別好惡故時人謂之瞽配字曰瞍瞍無目之稱心不則德義之經爲頑象舜弟之字傲慢不友言並惡（瞽）音古（傲）五報反（瞍）素后反（稱）尺證反又

如字克諧以孝。烝烝乂。不格姦諧和烝進也言能以至孝和諧頑嚚昏傲使進進以善自治不至於姦惡〔諧〕戶皆反〔烝〕之承反〔姦〕古顏反帝曰。我其試哉言欲試舜觀其行迹女于時。觀厥刑于二女女妻刑法也堯於是以二女妻舜觀其法度接二女以治家觀治國〔女〕尼據反〔妻〕千計反釐降二女于嬀汭。嬪于虞降下嬪婦也舜爲匹夫能以義理下帝女之心於所居嬀水之汭使行婦道於虞氏〔嬀〕居危反〔汭〕如銳反水之內也杜預注左傳云水之隈曲曰汭〔嬪〕毗人反帝曰。欽哉歎舜能修己行敬以安人則其所能者大矣〔重言〕欽哉九本篇一舜典三益稷二大禹謨微子之命冏命各一

# 舜典第二

虞書　　孔氏傳

虞舜側微爲庶人故微賤堯聞之聰明將使嗣位。歷試諸難嗣繼也試以治民之難事〔難〕乃丹反作舜典。舜典典之義與堯同曰。若稽

古帝舜亦言其順考古道而行之（重意）若稽古四詳附堯典曰重華協于帝華謂

文德言其光又重合於堯俱聖明曰若稽古帝舜曰重華協于

帝此十二字是姚方興所上孔氏傳本無阮孝緒七錄亦云然

方興本此下更有濬哲文明温恭允塞玄德升聞

乃命以位凡二十八字異聊出之於王注無施也（重意）重華協于帝顧

命宣重光濬哲文明温恭允塞濬深哲智也舜有深智文明温恭之德信允塞上下

（重意）濬哲文明堯典欽明文思玄德升聞乃命以位玄謂幽潛潛行道德升聞天朝

遂見徽用慎徽五典五典克從徽美也五典五常之教父義母慈兄友弟恭子孝舜慎美

篤行斯道舉八元使布之於四方五教能從無違命（徽）許韋反

王云美馬云善也（從）才容反八元左傳高辛氏有才子八人伯

奮仲堪叔獻季仲伯虎仲熊叔豹季貍忠（重意）慎徽五典五典

肅恭懿宣慈惠和天下之民謂之八元克從皐陶謨弻

我五典五惇哉納于百揆百揆時叙揆度也度百事揔百官納舜於此官舜舉八凱使揆

度百事百事時叙無廢事業（揆）葵癸反（凱）開在反左傳高陽氏

有才子八人蒼舒隤敳檮戭大臨尨降庭堅仲容叔達齊聖廣

濬明允篤誠天下之民謂之八凱 賓于四門。四門穆穆 穆穆美也四門四方之門舜流四凶族四方諸侯來朝者舜賓迎之皆有美德無凶人 【互注】左文公十八年故虞書數舜之功曰慎徽五典五典克從無違教也曰納于百揆百揆時敘無廢事也曰賓于四門四門穆穆無凶人也 納于大麓。烈風雷雨弗迷 麓錄也納舜使大錄萬機之政陰陽和風雨時各以其節不有迷錯愆伏明舜之德合於天〔麓〕音鹿王云錄也馬鄭云山足也〔愆〕起虔反 帝曰。格汝舜。詢事考言。乃言底可績。三載。汝陟帝位 格來詢謀乃汝底致陟升也堯呼舜曰來汝所謀事我考汝言汝言致可以立功三年矣三載考績故命使升帝位將禪之〔詢〕音荀〔底〕之履反王云致也馬云定也本或作厎非 【重意】帝曰格汝舜大禹謨帝曰格汝禹 【重言】乃言底可績二 又見皋陶謨 舜讓于德。弗嗣 辭讓於德不堪不能嗣成帝位 正月上日。受終于文祖 上日朔日也終謂堯終帝位之事文祖者堯文德之祖廟〔正〕音政又音征王云文祖廟名馬云文祖天也天為文萬物之祖故曰文祖 【重意】正月上日受終于文祖下文月正元日舜格于文祖大禹謨正月朔旦受命于神宗**在璿璣玉衡以齊七政**在察也璿美玉璣衡王者正天文之器可運轉者七政日月五星各異政舜察天文齊七政以審己當天心與否璿音旋**肆類于上帝**堯不聽舜讓使之攝位舜察天文考齊七政而當天心故行其事肆遂也類謂攝位事類遂以攝告天及五帝王云上帝天也馬云上帝太一神在紫微宮天之最尊者〔重言〕肆類于上帝二又泰誓上無肆字**禋于六宗**精意以享謂之禋宗尊也所尊祭者其祀有六謂四時也寒暑也日也月也星也水旱也祭亦以攝告禋音因王云絜祀也馬云精意以享也六宗王云四時寒暑日月星水旱也馬云天地四時也**望于山川。徧于群神**九州名山大川五嶽四瀆之屬皆一時望祭之群神謂丘陵墳衍古之聖賢皆祭之墳扶云反徧音演〔重意〕望于山川下文望秩于山川**輯五瑞。既月乃日。覲四岳群牧。班瑞于群后**輯斂既盡覲見班還后君也舜斂公侯伯子男之瑞圭璧盡以正月中乃日日見四岳及九州牧監還五瑞於諸侯與之正始輯徐音集王云合馬云斂也瑞垂僞反信也牧牧養之牧徐音目**歲**

二月東巡守。至于岱宗柴。諸侯爲天子守土故稱守巡行之既班瑞之明月乃順春東巡岱宗泰山爲四岳所宗燔柴祭天告至巡似遵反徐養純反守時救反本或作狩岱音代泰山也柴士皆反爾雅祭天曰燔柴馬云祭時積柴加牲其上而燔之行下孟反燔扶袁反又扶云反望秩于山川東岳諸侯境內名山大川如其秩次望祭之謂五岳牲禮視三公四瀆視諸侯其餘視伯子男瀆徒木反肆覲東后遂見東方之國君協時月正日。同律度量衡合四時之氣節月之大小日之甲乙使齊一也律法制及尺丈斛斗斤兩皆均同同律王云同齊也律六律也馬云律法也鄭云陰呂陽律也度如字丈尺也量力尚反斗斛也衡稱也

重意 協時月正日堯典曆象日月星辰敬授人時

修五禮五玉。修吉凶賓軍嘉之禮五等諸侯執其玉三帛。二生。一死贄。三帛諸侯世子執纁公之孤執玄附庸之君執黃二生卿執羔大夫執鴈一死士執雉玉帛生死所以爲贄以見之贄音至本又作摯纁許云反如五器。卒乃復卒終復還也器謂圭璧如五器禮終則還之三帛生死則否復扶又反下同還音旋五月。南

巡守至于南岳如岱禮南岳衡山自東岳南巡五月至八月西巡守至于西岳如初西岳華山初謂岱宗〔華〕胡化反華山在弘農十有一月朔巡守至于北岳如西禮北岳恒山〔有〕如字徐于救反〔如西禮〕方輿本同馬本作如初歸格于藝祖用特巡守四岳然後歸告至文祖之廟藝文也言祖則考著特一牛〔藝〕魚世反馬王云禰也〔重意〕歸格于藝祖下文舜格于文祖五載一巡守羣后四朝各會朝于方岳之下凡四處故曰四朝將說敷奏之事故申言之堯舜同道舜攝則然堯又可知〔四朝〕馬王皆云四面朝於方岳之下鄭云四朝四季朝京師也〔朝〕直遥反注同〔重意〕五載一巡守周官又六年王乃時巡羣后四朝周官諸侯各朝于方岳敷奏以言明試以功車服以庸敷陳奏進也諸侯四朝各使陳進治理之言明試其言以要其功功成則賜車服以表顯其能用〔敷〕音孚〔重言〕敷奏以言明試以功車服以庸二重見益稷奏字作納試字作庶肇十有二州肇始也禹治水之後舜分冀州爲幽州并州分青州

為營州始置十二州【肇】音兆十有二州謂冀兖青徐荆楊豫梁雍并幽營也 封十有二山濬川
封大也每州之名山殊大者以為其州之鎮有流川則深之使通利【濬】荀俊反 象以典刑 象法也法用常刑用
不越法 流宥五刑 宥寬也以流放之法寬五刑【宥】音又馬云宥三宥也 鞭作官刑
以鞭為治官事之刑 扑作教刑 扑榎楚也不勤道業則撻之【扑】普卜反徐敷卜反【榎】皆稚反 金
作贖刑 金黃金誤而入刑出金以贖罪【贖】石欲反徐音樹 眚災肆赦怙終賊
刑 眚過災害肆緩賊殺也過而有害當緩赦之怙姦自終當刑殺之【眚】所景反【怙】音戶 欽哉欽哉
惟刑之恤哉 舜陳典刑之義勑天下使敬之憂欲得中【恤】峻律反憂也 【重言】欽哉九本篇三益稷
二堯典禹謨微子之命冏命各一 流共工于幽洲 象共滔天足以惑世故流放之幽洲北裔水中
可居者曰洲【共】音恭左傳少皞氏有不才子毀信廢忠崇飾惡言靖譖庸回服讒蒐慝以誣盛德天下之民謂之窮奇杜預云
即共工【裔】以制反 放驩兜于崇山 黨於共工罪惡同崇山南裔【驩】呼端反【兜】丁侯反左傳帝鴻氏

有不才子掩義隱賊好行凶德醜類惡物頑嚚不友是與比周天下之民謂之渾敦杜預云即驩兜也帝鴻黃帝也竄

三苗于三危三苗國名縉雲氏之後爲諸侯號饕餮三危西裔〔竄〕七亂反〔三苗〕馬王云國名縉雲氏之

後爲諸侯蓋饕餮也左傳縉雲氏有不才子貪于飲食冒于貨賄侵欲崇侈不可盈厭聚斂積實不知紀極不念孤寡不恤窮

匱天下之民以比三凶謂之饕餮杜預云縉雲黃帝時官名非帝子孫故以比三凶也貪財曰饕貪食曰餮〔縉〕音晉〔饕〕土刀反

〔餮〕他節反殛鯀于羽山方命圮族績用不成殛竄放流皆誅也異其文述作之體羽山東裔在海中〔殛〕

紀力反〔鯀〕故本反左傳顓頊氏有不才子不可教訓不知話言告之則頑舍之則嚚傲很明德以亂天常天下之民謂之檮杌

杜預云即鯀也檮杌凶頑無儔匹之貌四罪而天下咸服皆服舜用刑當其罪故作者先敘典

刑而連引四罪明皆徵用所行於此摠見之〔互註〕左文公十八年舜臣堯賓于四門流四凶族渾敦窮奇檮杌饕餮投

諸四裔以禦魑魅是以堯崩而天下如一同心戴舜以爲天子二十有八載帝乃殂落

殂落死也堯年十六即位七十載求禪試舜三載自正月上日至崩二十八載堯凡壽一百一十七歲〔殂〕才枯反百

姓如喪考妣 考妣父母言百官感德思慕喪如字又息浪反妣必履反父曰考母曰妣 三載
四海遏密八音 遏絶密静也八音金石絲竹匏土革木四夷絶音三年則華夏可知言盛德恩化所
及者遠 遏安葛反或音謁八音謂金鐘也石磬也絲琴瑟也竹簫管也匏笙也土塤也革鼓也木柷敔也 匏白交反 月
正元日舜格于文祖 月正正月元日上日也舜服堯喪三年畢將即政故復至文祖廟告
復扶又反 (重意) 月正元日舜格于文祖 文祖篇首正月上日受終于文祖又歸格于藝祖又大禹謨正月朔日受命于神宗
詢于四岳闢四門 詢謀也謀政治于四岳開闢四方之門未開者廣致衆賢 闢婢亦反徐甫
亦反 明四目達四聰 廣視聽於四方使天下無壅塞 (重意) 明四目達四聰 太甲上視遠惟
明聽德惟聰 咨十有二牧曰食哉惟時 咨亦謀也所重在於民食惟當敬授民時
柔遠能邇惇德允元 柔安邇近惇厚也元善之長言當安遠乃能安近厚行德信使足長
善 惇音敦 長丁丈反下同 (重意) 柔遠能邇 三本篇顧命文侯之命各一 而難任人蠻夷率

服任佞難拒也佞人斥遠之則忠信昭於四夷皆相率而來服【難】乃旦反【任】音壬又而鴆反舜曰咨四
岳有能奮庸熙帝之載奮起庸功載事也訪羣臣有能起發其功廣堯之事者言舜曰
以別堯【奮】弗運反【重言】咨四岳四下文一堯典二使宅百揆亮采惠疇亮信惠順
也求其人使居百揆之官信立其功順其事者誰乎僉曰伯禹作司空四岳同辭而對禹代
鯀爲崇伯入爲天子司空治洪水有成功言可用之【重言】僉曰五堯典一本篇四帝曰俞咨禹
汝平水土惟時懋哉然其所舉稱禹前功以命之懋勉也惟居是百揆勉行之【俞】以朱反
【懋】音茂王云勉也馬云美也【重言】帝曰俞十二本篇八詳附堯典○咨禹二重見大禹謨○汝平水土呂刑禹平水土
懋哉四本篇禹謨一皋陶謨二禹拜稽首讓于稷契暨皋陶居稷官者棄也
契皋陶二臣名稽首首至地【稽】音啓稽首首至地臣事君之禮【契】息列反【陶】音遙帝曰俞汝往哉
然其所推之賢不許其讓勑使往宅百揆【重言】汝往哉二後見蔡仲之命帝曰棄黎民阻飢

汝后稷播時百穀阻難播布也衆人之難在於飢汝后稷布種是百穀以濟之美其前功以勉之〔阻〕莊呂反王云難也〔播〕波左反〔重意〕汝后稷播時百穀呂刑稷降播種農殖嘉穀帝曰契百姓不親五品不遜五品謂五常遜順也汝作司徒敬敷五教在寬布五常之教務在寬所以得人心亦美其前功帝曰皋陶蠻夷猾夏寇賊姦宄猾亂也夏華夏羣行攻劫曰寇殺人曰賊在外曰姦在内曰宄言無教所致〔猾〕戶八反〔寇〕苦豆反〔宄〕音軌汝作士五刑有服士理官也五刑墨劓剕宮大辟服從也言得輕重之中正〔劓〕魚器反截鼻也〔剕〕扶味反刖足也〔大辟〕婢亦反死刑也〔重言〕汝作士二重見禹謨五服三就既從五刑謂服罪也行刑當就三處大罪於原野大夫於朝士於市〔處〕昌慮反〔朝〕直遥反五流有宅五宅三居謂不忍加刑則流放之若四凶者五刑之流各有所居五居之差有三等之居大罪四裔次九州之外次千里之外惟明克允言皐陶能明信五刑施之遠近蠻夷猾夏使咸信服無敢犯者因禹讓三臣故歷述之帝

曰疇若予工。僉曰垂哉問誰能順我百工事者朝臣舉垂垂臣名 垂 如字徐又音睡

帝曰俞咨垂汝共工共謂供其職事 共 音恭 垂拜稽首讓于

殳斨暨伯與殳斨伯與二臣名 斨 七良反 與 音餘 帝曰俞往哉汝諧

汝能諧和此官 重言 往哉七本篇二盤庚微子康誥畢命文侯之命各一○往哉汝諧二重見下文 帝曰疇

若予上下草木鳥獸。僉曰益哉上謂山下謂澤順謂施其政教取之有時

用之有節言伯益能之 益 皋陶子也 重意 疇若予上下草木鳥獸 伊訓暨鳥獸魚鼈咸若 帝曰俞咨

益汝作朕虞虞掌山澤之官 益拜稽首讓于朱虎熊羆

帝曰俞往哉汝諧朱虎熊羆二臣名垂益所讓四人皆在元凱之中 羆 彼皮反 帝

曰咨四岳有能典朕三禮。僉曰伯夷三禮天地人之禮伯夷臣

名姜姓 重言 咨四岳四堯典三本篇一 帝曰俞咨伯汝作秩宗秩序宗尊

也主郊廟之官夙夜惟寅。直哉惟清。夙早也言早夜敬思其職典禮施政教使正直而清

明〔寅〕如字徐音夷伯拜稽首。讓于夔龍。夔龍二臣名〔夔〕求龜反帝曰俞。

往欽哉然其賢不許讓【重言】往欽哉三堯典本篇益稷各一帝曰。夔。命汝典樂

教冑子冑長也謂元子以下至卿大夫子弟以歌詩蹈之舞之教長國子中和祗庸孝友〔冑〕直又反王云冑子國

子也馬云冑長也教長天下之子弟直而溫寬而栗教之正直而溫和寬弘而能莊栗栗戰栗也

【重言】直而溫寬而栗二重見皐陶謨剛而無虐簡而無傲剛失入虐簡失入傲教之

以防其失【重意】剛而無虐簡而無傲皐陶謨簡而廉剛而塞詩言志歌永言謂詩言志以導

之歌詠其義以長其言〔永〕徐音詠又如字聲依永律和聲聲謂五聲宮商角徵羽律謂六律六呂十

二月之音氣言當依聲律以和樂八音克諧無相奪倫神人以和倫理

也八音能諧理不錯奪則神人咸和命夔使勉之夔曰。於予擊石拊石。百獸

率舞石磬也磬音之清者拊亦擊也舉清者和則其餘音皆從矣樂感百獸使相率而舞則神人和可知【於】如字或音烏而絕句者非【拊】音無徐音府〔重言〕於予擊石拊石百獸率舞二重見益稷帝曰龍朕堲讒說殄行震驚朕師堲疾殄絕震動也言我疾讒說絕君子之行而動驚我衆欲遏絕之【堲】徐在力反【讒】切韻仕咸反【說】如字注同徐失銳反【殄】切韻徒典反【行】下孟反注同命汝作納言。夙夜出納朕命。惟允納言喉舌之官聽下言納於上受上言宣於下必以信【喉】音侯〔重意〕命汝作納言益稷以出納五言。夙夜出納朕命說命朝夕納誨帝曰咨汝二十有二人禹垂益伯夷夔龍六人新命有職四岳十二牧凡二十二人特勑命之欽哉惟時亮天功各敬其職惟是乃能信立天下之功〔重言〕欽哉九本篇三益稷一堯典大禹謨微子之命冏命各一三載考績三考黜陟幽明三年有成故以考功九歲則能否幽明有別黜退其幽者陞進其明者【黜】丑律反〔重意〕三考黜陟幽明周官王乃大明黜陟庶績咸熙分北三苗考績法明衆功皆廣

三苗幽闇君臣善否分北流之不令相從善惡明北如字又音佩令力呈反重言庶績咸熙一前見堯典又皋陶謨庶績其凝

**舜生三十徵庸**言其始見試用**三十在位**歷試二年攝位二十八年**五十載陟方乃死**方道也舜即位五十年升道南方巡守死於蒼梧之野而葬焉三十徵庸三十在位服喪三年其一在三十之數爲天子五十年凡壽百一十二歲**帝釐下土。方設居方**言舜理四方諸侯各設其官居其方釐力之反馬云賜也理也下土絕句一讀至方字絕句**別生分類**生姓也別其姓族分其類使相從別彼列反分方云反徐扶問反**作汨作**汨治作興也言其治民之功興故爲汨作之篇亡汨音骨**九共九篇。槀飫**槀勞飫賜也凡十一篇皆亡共音恭王已勇反法也馬同槀苦報反飫於庶反槀飫亦書篇名也汨作等十一篇同此序其文皆亡而序與百篇之序同編故存今馬鄭之徒百篇之序摠爲一卷孔以各冠其篇首而亡篇之序即隨其次第居見存者之間衆家經文並盡此唯王注本下更有汨作九共故逸故亦作古

監本纂圖重言重意互註點校尚書卷之一

監本纂圖重言重意互註點校尚書卷第二

大禹謨第三　　虞書　　孔氏傳

皋陶矢厥謨矢陳也皋音高陶音遥禹成厥功陳其成功帝舜申之申重也重美二子之言重直用反作大禹皋陶謨大禹謀九功皋陶謀九德益稷凡三篇

大禹謨禹稱大大其功謨謀也曰若稽古大禹順考古道而言之（重言）若稽古四本篇堯典舜典皋陶謨曰文命敷于四海祗承于帝言其外布文德教命內則敬承堯舜文命孔云文德教命也先儒云文命禹名曰后克艱厥后臣克艱厥臣政乃乂黎民敏德敏疾也能知為君難為臣不易則其政治而衆民皆疾修德易以豉反治直吏反帝曰俞允若茲嘉言罔攸伏野無遺賢萬邦咸寧攸所也善言無所伏言必用如此則賢才在位天下安俞羊朱

反(攸)音由徐以帚反、(重言)帝曰俞十二詳附堯典下(重意)萬邦咸寧周官萬國咸寧洛誥景命萬邦咸休稽

于衆。舍己從人。不虐無告。不廢困窮。惟帝時克帝謂堯也舜因嘉言無所伏遂稱堯德以成其義考衆從人矜孤愍窮凡人所輕聖人所重(舍)音捨(告)故毒反(矜)居陵反(重

意)惟帝時克益稷惟帝時舉益曰。都。帝德廣運。乃聖乃神。乃武

乃文益因舜言又美堯也廣謂所覆者大運謂所及者遠聖無所不通神妙無方文經天地武定禍亂(重意)帝德廣運下文帝德罔愆皇天眷命。奄有四海。爲天下君眷視奄同也言

堯有此德故爲天所命所以勉舜也。(眷)居倦反(奄)於撿反(重意)皇天眷命太甲微子之命皇天眷佑○爲天下君洪範爲天下王禹曰。惠迪吉。從逆凶。惟影響迪道也順道吉從逆凶吉凶之

報如影之隨形響之應聲言不虛(迪)徒歷反(響)許丈反益曰。吁。戒哉。儆戒無虞。罔

失法度先吁後戒欲使聽者精其言虞度也無億度謂無形戒於無形備慎深秉法守度言有恒(吁)況俱反(度)徒

布反【虞】度徒洛反【重意】戒哉儆戒懋戒哉太甲嗣王戒哉　罔遊于逸。罔淫于樂。淫過也遊逸過樂敗德之原富貴所忽故特以為戒【樂】音洛　任賢勿貳。去邪勿疑。疑謀勿成。百志惟熙。一意任賢果於去邪疑則勿行道義所存於心日以廣矣【去】起呂反【熙】火其反　罔違道以干百姓之譽。干求也失道求名古人賤之　罔咈百姓以從己之欲。咈戾也專欲難成犯眾興禍故戒之【咈】扶弗反【戾】連弟反　無怠無荒。四夷來王。言天子常戒慎無怠惰荒廢則四夷歸往之【怠】音待【惰】徒臥反　禹曰。於。音烏　帝念哉。德惟善政。政在養民。歎而言念重其言為政以德則民懷之【重言】帝念哉二下文一又益稷帝其念哉　水。火。金。木。土。穀惟修。言養民之本在先修六府　正德。利用。厚生。惟和。正德以率下利用以阜財厚生以養民三者和所謂善政　九功惟敘。九敘惟歌。言六府三事之功有次敘皆可歌樂乃德政之致【樂】音洛　戒之用休。董之用威。勸之以九歌。俾勿壞。休美董督也言善政之道美以戒之威以督之歌以勸之使政勿壞在此三者而已（俾）必爾反（壞）乎怪反【互註】左文七年夏書曰戒之用休董之用威勸之以九歌勿使壞九功之德皆可歌也謂之九歌六府三事謂之九功水火金木土穀謂之六府正德利用厚生謂之三事

帝曰。俞。地平天成。六府三事允治。萬世永賴。時乃功。水土治曰平五行敘曰成因禹陳九功而歎美之言是汝之功明衆臣不及【重言】帝曰俞十二上文一餘附堯典。時乃功二三本篇二益稷一【互註】左僖二十四年夏書曰地平天成稱也往云地平其化天成其施上下相稱爲宜

帝曰。格汝禹。朕宅帝位三十有三載。耄期倦于勤。汝惟不怠。總朕師。八十九十曰耄百年曰期頤言已年老厭倦萬幾汝不懈怠於位稱總我衆欲使攝（耄）莫報反（倦）其眷反（頤）以之反（厭）於豔反（格）庚白反（朕）直錦反（懈）工賣反【重意】帝曰格汝禹舜典帝曰格汝舜

禹曰。朕德罔克。民不依。皐陶邁種德。德

乃降。黎民懷之邁行種布降下懷歸也言己無德民所不能依臯陶布行其德下治於民民歸服之種章用反降工巷反重言黎民懷之二本篇一臯陶謨一帝念哉念茲在茲釋。茲在茲茲此釋廢也念此人在此功廢此人在此罪言不可誣重言帝念哉二見上文互註左襄二十三年仲尼曰知之難也有臧武仲之知而不容於魯國抑有由也作不順而施不恕也夏書曰念茲在茲順事恕施也名言茲在茲。允出茲在茲。惟帝念功名言此事必在此義信出此心亦在此此義言臯陶之德以義為主所宜念之互註左襄二十一年夏書曰念茲在茲名言茲在茲允出茲在茲惟帝念功將謂由己壹也信由己壹而後功可念也住云言非但意念而已蓋須信己誠至帝曰。臯陶。惟茲臣庶。罔或干予正或有也無有干我正言順命汝作士。明于五刑。以弼五教。期于予治弼輔期當也歎其能以刑輔教當於治體當丁浪反又如字○重言汝作士二前見舜典刑期于無刑。民協于中。時乃功懋。

哉雖或行刑以殺止殺終無犯者刑期於無無所刑民皆合於大中之道是汝之功勉之懋音茂【重意】民協于中
呂刑士制百姓于刑之中【重言】時乃功二本篇一益稷一○懋哉四舜典二本篇二皋陶曰。帝德
罔愆臨下以簡。御衆以寬愆過也善則稱君人臣之義愆起虔反罰弗
及嗣賞延于世嗣亦世俱謂子延及也父子罪不相及而及其賞道德之政宥過無
大刑故無小過誤所犯雖大必宥不忌故犯雖小必刑宥音又罪疑惟輕。功
疑惟重刑疑附輕賞疑從重忠厚之至與其殺不辜。寧失不經。好
生之德。洽于民心。茲用不犯于有司辜罪經常司主也皋陶因
帝勉己遂稱帝之德所以明民不犯上也寧失不常之罪不枉不辜之善仁愛之道辜音孤好呼報反【重意】好生之德
洽于民心畢命道洽政治澤潤生民【互註】左襄二十六年善爲國者賞不僭而刑不濫賞僭則懼及淫人刑濫則懼及善
人若不幸而過寧僭無濫與其失善寧其利淫無善人則國從之故夏書曰與其殺不辜寧失不經懼失善也詩曰人之云亡

邦國殄瘁無善人之謂也

帝曰。俾予從欲以治。四方風動。惟乃之休（使我從心所欲而政以治民動順上命若草應風是汝能明刑之美也）

帝曰。來禹。降水儆予。成允成功。惟汝賢（水性流下故曰下水儆戒也能成聲教之信成治水之功言禹最賢重美之 儆居領反 重直用反）

〔重言〕帝曰來禹二又益稷

克勤于邦。克儉于家。不自滿假。惟汝賢（滿謂盈實假大也言禹惡衣薄食卑其宮室而盡力為民執心謙冲不自盈大 假工雅反 盡津忍反 為于偽反）

汝惟不矜。天下莫與汝爭能。汝惟不伐。天下莫與汝爭功（自賢曰矜自功曰伐言禹推善讓人而不失其能不有其勞而不失其功所以能絕衆人）

予懋乃德。嘉乃丕績。天之曆數在汝躬。汝終陟元后（丕大也曆數謂天道元大也大君天子舜善禹有治水之大功言天道在汝身汝終當升為天子 丕普悲反）

人心惟危。道心惟微。惟精惟一。允執

厥中危則難安微則難明故戒以精一信執其中（重意）惟精惟一咸有一德惟和惟一。允執厥中仲虺建中于民無稽之言勿聽。弗詢之謀勿庸無考無信驗不詢專獨終必無成故戒勿聽用（聽）徐天定反可愛非君。可畏非民。衆非元后何戴。后非衆罔與守邦民以君爲命故可愛君失道民叛之故可畏言衆戴君以自存君恃衆以守國相須而立（重意）衆非元后何戴后非衆罔與守邦太甲民非后罔克胥匡以生后非民罔以辟四方咸有一德后非民罔使民非后罔事欽哉。愼乃有位。敬修其可願。四海困窮。天祿永終有位天子位可願謂道德之美困窮謂天民之無告者言爲天子勤此三者則天之祿籍長終汝身（重言）欽哉九本篇二餘附堯典（重意）愼乃有位益稷愼乃在位惟口出好興戎。朕言不再好謂賞善戎謂伐惡言口榮辱之主慮而宣之成於一也（出）如字徐尺遂反（好）如字徐許到反

禹曰。枚卜功臣。惟吉之從枚謂歷卜之而從其吉此禹讓之志（枚）音梅帝曰。

禹。官占。惟先蔽志。昆命于元龜帝王立卜占之官故曰官占蔽斷昆後也官占之法先斷人志後命於元龜言志定然後卜〔蔽〕必世反徐甫世反〔斷〕丁亂反朕志先定。詢謀僉同。鬼神其依。龜筮協從。卜不習吉習因也言已謀之於心謀及卜筮四者合從卜不因吉無所枚卜〔僉〕七潛反〔重意〕卜不習吉金縢三龜一習吉禹拜稽首固辭再辭曰固帝曰。毋。惟汝諧言毋所以禁其辭禹有大功德故能諧和元后之任〔禁〕今鴆反又音金正月朔旦。受命于神宗受舜終事之命神宗文祖之宗廟言神尊之〔正〕音政又音征〔重意〕正月朔旦受命于神宗舜典正月上日受終于文祖又月正元日舜格于文祖率百官若帝之初順舜初攝帝位故事奉行之帝曰。咨禹。惟時有苗弗率。汝徂征三苗之民數干王誅率循徂往也不循帝道言亂逆命禹討之〔數〕音朔〔重言〕咨禹二前見舜典禹乃會羣后。誓于師曰。濟濟有衆。咸聽朕命〔會諸侯共伐有苗軍旅曰誓濟濟衆盛之貌（濟）子禮反〕（重意）濟濟有衆咸聽朕命泰誓西土有衆咸聽朕言蠢茲有苗昬迷不恭〔蠢動昬闇也言其所以宜討之（蠢）春允反〕侮慢自賢。反道敗德〔狎侮先王輕慢典教反正道敗德義（侮）亡甫反（慢）亡諫反〕君子在野小人在位〔廢仁賢任姦佞〕民棄不保天降之咎〔言民叛天災之（咎）其九反〕肆予以爾衆士奉辭罰罪〔肆故也辭謂不恭罪謂侮慢以下事〕爾尚一乃心力其克有勳〔尚庶幾一汝心力以從我命〕三旬苗民逆命〔旬十日也以師臨之一月不服責舜不先有文誥之命威讓之辭而便憚之以威脅之以兵所以生辭（誥）古報反（憚）徒旦反一音丹末反（脅）許業反〕益贊于禹曰惟德動天無遠弗屆〔贊佐屆至也益以此義佐禹欲其脩德致遠（屆）音戒〕滿招損謙受益時乃天道〔自滿者人損之自謙者人益之是天之常道〕帝初于歷山往于田日號泣于旻天。

于父母仁覆愍下謂之旻天言舜初耕于歷山之時爲父母所疾日號泣于旻天及父母克己自責不責於人(田)本或作畋(號)户高反(旻)武巾反負罪引慝。祗載見瞽瞍夔夔齋慄，瞽亦允若慝惡也載事也夔夔悚懼之貌言舜負罪引惡敬以事見於父悚懼齋莊父亦信順之言能以至誠感頑父(慝)他則反(見)賢遍反(瞽)音古(瞍)素后反(夔)求龜反(齋)側皆反至諴感神矧茲有苗諴和矧況也至和感神況有苗乎言易感(諴)音咸(矧)失忍反(易)以豉反禹拜昌言曰。俞。班師振旅昌當也以益言爲當故拜受而然之遂還師兵入曰振旅言整衆(當)丁浪反下同(還)經典皆音旋(重言)禹拜昌言曰俞益稷汝亦昌言(重言)二本篇皋陶謨(重意)又師汝昌言帝乃誕敷文德遠人不服大布文德以來之(誕)音但舞干羽于兩階干楯羽翳也皆舞者所執修闡文教舞文舞於賓主階間抑武事(階)徐音皆(楯)食允反(翳)於計反(闡)尺善反七旬有苗格討而不服不討自來明德之者必有道三苗之國左洞庭右彭蠡在荒服之例去京師二千五百里(洞)徒弄反(蠡)音禮

# 皋陶謨第四　虞書　孔氏傳

皋陶謨謨謀也皋陶爲帝舜謀(爲)于僞反曰若稽古皋陶亦順考古道以言之夫典謨聖帝所以立治之本也皆師法古道以成不易之則(夫)音扶(治)直吏反下同(重言)若稽古四又堯典舜典大禹謨曰。允迪厥德。謨明弼諧。迪蹈厥其也其古人也言人君當信蹈行古人之德謀廣聰明以輔諧其政(蹈)徒報反禹曰。俞。如何。然其言問所以行(重言)禹曰俞三篇末一益稷一又禹曰俞哉。如何三又見堯典益稷皋陶曰。都。慎厥身修絕句思永。歎美之重也慎修其身思爲長久之道惇叙九族。庶明勵翼。邇可遠在兹。言慎修其身厚次叙九族則衆庶皆明其教而自勉勵翼戴上命近可推而遠者在此道(惇)切韻都昆反(重意)惇叙九族堯典以親九族仲虺九族乃離禹拜昌言曰。俞。以皋陶言爲當故拜受而然之(當)丁浪反下同(重言)禹拜昌言曰俞二前見大禹謨皋陶曰。都。在知人。在安民。歎修身親親之道在

知人所信任在能安民

禹曰吁咸若時惟帝其難之言帝堯亦以知人安民爲難故曰吁（重言）咸若時二後見君陳

知人則哲能官人安民則惠黎民懷之哲智也無所不知故能官人惠愛也愛則民歸之（重言）黎民懷之二又前見大禹謨

能哲而惠何憂乎驩兜佞人亂真堯憂其敗政故流放之何遷乎有苗何畏乎巧言令色孔壬孔甚也巧言靜言庸違令色象恭滔天禹言有苗驩兜之徒甚佞如此堯畏其亂政故遷放之（重意）景命無以巧言令色便辟側媚

皐陶曰都亦行有九德言人性行有九德以考察真僞則可知（行）下孟反注性行行正直之行同（重意）亦行有九德立政迪知忱恂于九德之行

亦言其人有德乃言曰載采采載行采事也稱其人有德必言其所行其事以爲驗

禹曰何問九德品例

皐陶曰寬而栗性寬弘而能莊栗（重言）寬而栗二前見舜典

柔而立和柔而能立事

愿而恭慤愿而恭恪（愿）音願（慤）切韻苦角反

【恪】苦各反亂而敬亂治也有治而能謹敬擾而毅擾順也致果為毅【擾】而小反徐音饒【毅】五既反直而溫行正直而氣溫和【重言】直而溫二前見舜典簡而廉性簡大而有廉隅剛而塞剛斷而實塞【斷】丁亂反【重意】簡而廉剛而塞舜典剛而無虐簡而無傲彊而義無所屈撓動必合義【撓】女孝反彰厥有常吉哉彰明吉善也明九德之常擇人而官之則政之善日宣三德。夙夜浚明有家三德九德之中有其三宣布夙早浚須也卿大夫稱家言能日日布行三德早夜思之須明行之可以為卿大夫【浚】息俊反馬云大也日嚴祗敬六德亮采有邦有國諸侯日日嚴敬其身敬行六德以信治政事則可以為諸侯【嚴】如字馬徐魚檢反翕受敷施。九德咸事。俊乂在官翕合也能合受三六之德而用之以布施政教使九德之人皆用事謂天子如此則俊德能治之士並在官【翕】許及反【俊乂】馬云千人曰俊百人曰乂百僚師師。百工惟時僚工皆官也師師相師法百官皆是言政無非【僚】本又作寮撫于五辰。庶績

其凝 凝成也言百官皆撫順五行之時衆功皆成（撫）方武反（凝）魚陵反馬云定也 （重意）庶績其凝 堯典舜典 庶績咸熙 無教逸欲有邦 不爲逸豫貪欲之教是有國者之常 兢兢業業。一日二日萬幾 兢兢戒慎業業危懼幾微也言當戒懼萬事之微（兢）居陵反（業）如字徐五荅反（幾）徐音機 無曠庶官。天工人其代之 曠空也位非其人爲空官言人代天理官不可以天官私非其才 天叙有典。勑我五典五惇哉 天次叙人之常性各有分義當勑正我五常之教使合于五厚厚天下（有典）馬本作五典（分）扶問反 （重意）勑我五典五惇哉舜典 慎徽五典五典克從 天秩有禮。自我五禮有庸哉 庸常自用也天次秩有禮當用我公侯伯子男五等之禮以接之使有常（有庸）馬本作五庸 同寅協恭和衷哉 衷善也以五禮正諸侯使同敬合恭而和善（衷）音中 天命有德。五服五章哉 五服天子諸侯卿大夫士之服也尊卑采章各異所以命有德 天討有罪。五刑五用哉 言天以五刑討有罪用五刑宜必當 政事懋哉懋哉言叙典秩禮命德討罪無非天意者故人君居天官聽政治事不可以不自勉〖重言〗懋哉四舜典二禹謨本篇各一天聰明。自我民聰明言天因民而降之福民所歸者天命之天視聽人君之行用民為聽明〖重意〗天聰明自我民聰明泰誓天視自我民視天聽自我民聽天明畏自我民明威天明可畏亦用民成其威民所叛者天討之是天明可畏之効(畏)如字徐音威馬本作威〖重言〗天明畏三本篇大誥多方達于上下。敬哉有土言天所賞罰惟善惡所在不避貴賤有土之君不可不敬懼〖重意〗達于上下堯典格于上下皐陶曰。朕言惠可底行其所陳九德以下之言順於古道可致行禹曰。俞。乃言底可績然其所陳從而美之曰用汝言致可以立功〖重言〗禹曰俞三本篇二益稷一又禹曰俞哉。乃言底可績二又見舜典皐陶曰予未有知思。曰。贊贊襄哉言我未有所知未能思致於善徒亦贊奏上古行事而言之因禹美之承以謙辭言之序(知)如字徐音智(思)如字徐息吏反(襄)息羊反上也馬云因也案爾雅作儴因也如羊反

# 益稷第五　虞書　孔氏傳

益稷禹稱其人因以名篇帝曰來禹汝亦昌言因皐陶謨九德故呼禹使亦陳當言(當)丁浪反本亦作讜當蕩反李登聲類云讜言善言也(重言)帝曰來禹二前見大禹謨(重意)汝亦昌言又師汝昌言又禹謨皐謨禹拜昌言禹拜曰都帝予何言予思日孜孜拜而歎辭不言欲使帝重皐陶所陳言已思日孜孜不怠奉承臣功而已(思)徐如字又息吏反(孜)音茲(重意)予思日孜孜君陳惟日孜孜皐陶曰吁如何問所以孜孜之事(重言)如何三見堯典皐陶謨本篇禹曰洪水滔天浩浩懷山襄陵下民昏墊言天下昏瞀墊溺皆困水災(浩)戶老反(墊)丁念反(瞀)音務一音茂本或作敄(溺)乃歷反(重意)洪水滔天浩浩懷山襄陵下民昏墊堯典湯湯洪水方割蕩蕩懷山襄陵浩浩滔天下民其咨予乘四載隨山刊木所載者四謂水乘舟陸乘車泥乘輴山乘樏隨行九州之山林刊槎其木開通道路以治水也(乘)音繩(刊)苦安反(輴)丑倫反漢書作橇如淳音蕝以

板置泥上服虔云木橇形如木箕擿行泥上尸子云澤行乘蕝蕝子絶反樏力追反史記作橋徐音丘遥反漢書作梮九足反行下孟反槎士雅反下同說文云衺斫又莊下反【重言】隨山刊木一又禹貢

暨益奏庶鮮食

奏謂進於民鳥獸新殺曰鮮與益槎木獲鳥獸民以進食暨其器反鮮徐音仙馬云鮮生也

予決九川

距四海濬畎澮距川

距至也決九州名川通之至於海一畝之間廣尺深尺曰畎方百里之間廣二尋深二仞曰澮澮畎深之至川亦入海畎工犬反澮故外反廣光浪反深尸鴆反

暨稷播奏庶艱食鮮食

艱難也眾難得食處則與稷教民播種之決川有魚鱉使民鮮食之艱工閑反馬本作根云根生之食謂百穀鮮息淺反鼈必滅反

懋遷有無化居

化易也居謂所宜居積者勉勸天下徙有之無魚鹽徙山林木徙川澤交易其所居積懋音茂鹽余廉反

烝民乃粒萬邦作乂

米食曰粒言天下由此爲治本烝之承反粒音立治直吏反下同

皋陶曰俞師汝昌言

言禹功其當可師法當丁浪反【重意】師汝昌言見本篇首

禹曰都帝慎乃在位帝曰

益稷

俞然禹言受其戒【重言】謹乃在位大禹謨謹乃有位【重意】帝曰俞十二本篇一餘附堯典禹曰。

安汝止。惟幾惟康。其弼直言慎在位當先安好惡所上止念慮幾微以保其安其

輔臣必用直人【好惡】上呼報反下烏路反又並如字【重意】惟幾惟康本篇末惟時惟幾惟動丕應

徯志徯待也帝先定所止動則天下大應之順命以待帝志【應】應對之應【徯】胡啓反以昭受上

帝。天其申命用休昭明也非但人應之又乃明受天之報施天又重命用美【施】始豉反【重】直

用反帝曰。吁臣哉鄰哉。鄰哉臣哉。禹曰。俞鄰近也言君臣道近

相須而成【重言】帝曰吁四堯典二。禹曰俞三皐陶謨二又下文禹曰俞哉帝曰。臣作朕股

肱耳目言大體若身【股】音古【肱】古弘反【重意】臣作朕股肱耳目君牙作股肱心膂予欲左右

有民。汝翼左右助也助我所有之民富而教之汝翼成我予欲宣力四方。汝

爲布力立治之功汝羣臣當爲之予欲觀古人之象欲觀示法象之服制【觀】舊音官又官

喚反

日月星辰山龍華蟲日月星爲三辰華象草華蟲雉也畫三辰山龍華蟲於衣服旌旗〔蟲〕直弓反作會宗彝會五采也以五采成此畫焉宗廟彝樽亦以山龍華蟲爲飾〔會〕胡對反馬鄭作繪〔彝〕音夷馬同又鄭云宗彝虎也藻火粉米黼黻絺繡藻水草有文者火爲火字粉若粟冰米若聚米黼若斧形黻爲兩己相背葛之精者曰絺五色備曰繡〔藻〕音早本又作藻〔粉米〕說文作黺䊭徐本作絲音米〔黼〕音甫白與黑謂之黼〔黻〕音弗黑與青謂之黻〔絺〕徐敕私反又敕其反馬同鄭陟里反刺也〔繡〕音秀〔背〕音佩以五采彰施于五色作服汝明天子服日月而下諸侯自龍袞而下至黼黻士服藻火大夫加粉米上得兼下下不得僭上以五采明施于五色作尊卑之服汝明制之〔衮〕工本反〔僭〕子念反予欲聞六律五聲八音在治忽以出納五言汝聽言欲以六律和聲音在察天下治理及忽怠者又以出納仁義禮智信五德之言施于民以成化汝當聽審之〔出〕如字又尺遂反注同〔納〕如字又音內〔重意〕以出納五言舜典命汝作納言又下文工以納言予違汝弼汝無面從

退有後言我違道汝當以義輔正我無得面從我違而退後有言我不可弼欽四鄰。庶

頑讒說。若不在時四近前後左右之臣勑使敬其職衆頑愚讒說之人若所行不在於是而

爲非者當察之侯以明之。撻以記之當行射侯之禮以明善惡之教笞撻不是者使記識其過

（撻）他末反又他達反（笞）勑疑反書用識哉。欲並生哉書識其非欲使改悔與共並生工以

納言。時而颺之工樂官掌誦詩以納諫當是正其義使颺道之（颺）音揚（重意）工以納言

上文以出納五言舜典命汝作納言格則承之庸之。否則威之天下人能至于道則

承用之任以官不從教則以刑威之（否）方有反徐音鄙（任）汝鴆反禹曰。俞哉。帝光天之

下。至于海隅蒼生光天之下至于海隅蒼蒼然生草木言所及廣遠（重意）禹曰俞哉上文

及前篇禹曰俞。○帝光天之下堯典光宅天下萬邦黎獻。共惟帝臣。惟帝時

舉。敷納以言。明庶以功。車服以庸獻賢也萬國衆賢共爲帝臣帝舉是

而用之使陳布其言明之皆以功大小爲差以車服旌其能用之【重意】惟帝時舉大禹謨惟帝時克【重言】敷納以言明庶以功車服以庸二前見舜典納作奏庶作試【互註】左僖二十七年謀元帥趙衰曰郤縠可臣亟聞其言矣說禮樂而敦詩書詩書義之府也禮樂德之則也德義利之本也夏書曰賦納以言明試以功車服以庸君其試之

誰敢不讓。敢不敬應上惟賢是用則下皆敬應上命而讓善〔應〕應對之應帝不時。敷同日奏罔功帝用臣不是則遠近布同而日進於無功以賢愚並位優劣共流故無若丹朱傲惟慢遊是好丹朱堯子舉以戒之〔傲〕五報反字又作奡〔好〕呼報反敖虐是作。罔晝夜頟頟敖戲而爲虐無晝夜常頟頟肆惡無休息〔敖〕五羔反徐五報反注同〔頟〕五客反罔水行舟。朋淫于家。用殄厥世朋羣也丹朱習於無水陸地行舟言無度羣淫於家妻妾亂用是絕其世不得嗣〔殄〕徒典反予創若時娶于塗山辛壬癸甲創懲也塗山國名懲丹朱之惡辛日娶妻至于甲日復往治水不以私害公〔娶〕促住反〔復〕扶又反啓呱呱而泣。予弗子。惟荒度土功。啓禹子也禹治水過門不入聞啓泣聲不暇子名之以大治度水土之功故呱音孤予如字鄭將吏反度徒洛反弼成五服。至于五千。州十有二師。五服侯甸綏要荒服也服五百里四方相距爲方五千里治洪水輔成之一州用三萬人功九州二十七萬庸也至于五千馬云面五千里爲方萬里鄭云五服已五千又弼成爲萬里州十有二師二千五百人爲師鄭云師長也要一遥反外薄四海。咸建五長。薄迫也言至海諸侯五國立賢者一人爲方伯謂之五長以相統治以獎帝室薄蒲各反徐扶各反長丁丈反五長衆官之長各迪有功。苗頑弗即工。帝其念哉。九州五長各蹈爲有功唯三苗頑凶不得就官善惡分别别彼列反

（重意）帝其念哉　畢命公其念哉　大禹謨帝念哉

帝曰。迪朕德。時乃功。惟叙。言天下蹈行我德是汝治水之功有次叙敢不念乎

（重言）時乃功三　大禹謨二

皋陶方祗厥叙。方施象刑惟明。方四方禹五服既成故皋陶敬行其九德考績之次序於四方又施其法刑皆明白

史因禹功重美之（重）直用反

夔曰。戞擊鳴球。搏拊琴瑟以詠。祖考來格。戞擊柷敔所以作止樂搏拊以韋爲之實之以糠所以節樂球玉磬此舜廟堂之樂民悅其化神歆其祀禮備樂和故以祖考來至明之（夔）求龜反（戞）居八反徐古八反馬云櫟也（球）音求（搏）音博（拊）音撫（柷）尺叔反所以作樂（敔）魚呂反所以止樂（糠）音康（歆）許今反

虞賓在位。羣后德讓。丹朱爲王者後故稱賓言與諸侯助祭班爵同推先有德

下管鼗鼓。合止柷敔。堂下樂也上下合止樂各有柷敔明球弦鍾籥各自互見（鼗）音桃（合）如字徐音閤（籥）余若反（互）音沍（見）賢遍反下見細器同

笙鏞以閒。鳥獸蹌蹌。鏞大鍾閒迭也吹笙擊鍾鳥獸化德相率而舞蹌蹌然（鏞）音庸（閒）閒廁之閒（鳥獸）孔以爲自舞也馬云鳥獸筍虡也（蹌）七羊反舞貌說文作牄鳥獸求食聲（迭）直結反

簫韶九成。鳳皇來儀。韶舜樂名言簫見細器之備雄曰鳳雌曰皇靈鳥也儀有容儀備樂九奏而致鳳皇則餘鳥獸不待九而率舞（韶）時昭反

夔曰。於。予擊石拊石。百獸率舞。庶尹允諧。尹正也衆正官之長信皆和諧言神

人治始於任賢立政以禮治神以樂所以太平（从予）並如字 重言 於予擊石拊石百獸率舞二前見舜典 帝
庸作歌曰。勑天之命。惟時惟幾 用庶尹允諧之政故作歌以戒安不忘危
勑正也奉正天命以臨民惟在順時惟在慎微 重意 惟時惟幾上文惟幾惟康 乃歌曰。股肱喜
哉。元首起哉。百工熙哉 元首君也股肱之臣喜樂盡忠君之治功乃起百官之業乃廣
樂音洛 盡津忍反 皐陶拜手稽首颺言曰。念哉 大言而疾曰颺承歌以戒
帝颺音揚 重言 念哉二後見伊訓又呂刑念之哉 率作興事。慎乃憲。欽哉
憲法也天子率臣下為起治之事當慎汝法度敬其職 重言 欽哉九本篇二餘附堯典 屢省乃成。
欽哉 屢數也當數顧省汝成功敬終以善無懈怠 屢力具反 省息井反 數色角反 懈佳賣反 乃賡載
歌曰。元首明哉。股肱良哉。庶事康哉 賡續載成也帝歌歸美股
肱義未足故續歌先君後臣衆事乃安以成其義 賡加孟反 劉皆行反 說文以為古續字 又歌曰。元首

叢脞哉股肱惰哉萬事墮哉叢脞細碎無大略君如此則臣懈惰萬事墮廢其功不成歌以申戒〔叢〕才公反〔脞〕倉果反徐音鎖馬云叢揔也脞小也〔惰〕徒卧反〔墮〕許規反帝拜曰俞往欽哉拜受其歌戒羣臣自今以往敬其職事哉〔重言〕往欽哉三堯典舜典本篇各一

監本纂圖重言重意互註點校尚書卷第二

監本纂圖重言重意點校尚書卷第三

禹貢第一　夏書　孔氏傳

禹別九州 分其圻界(別)彼列反九州周公職錄云黄帝受命風后受圖割地布九州州鄹子云中國爲赤縣赤縣之内有九州春秋說題辭云州之言殊也(殊)其依反 隨山濬川 刊其木深其流(濬)思俊反(刊)苦安反

(重言)隨山刊木二 前見益稷 任土作貢 任其土地所有定其貢賦之差此堯時事而在夏書之首

禹之王以是功(任)而鴆反(貢)或作贛(王)于況反 禹貢 禹制九州貢法 禹敷土隨山刊木 洪水汎溢禹分布治九州之土隨行山林斬木通道(敷)芳無反馬云分也(汎)敷劒反(行)下孟反 奠高山大川 奠定也高山五岳大川四瀆定其差秩祀禮所視(奠)田遍反(瀆)音獨下同 ○冀州既載 堯所都也先施貢賦役載於書(冀)居器反(州)九州名義見爾雅音(載)如字載載於書也馬同鄭韋昭云載事也 壺口治梁及岐 壺口在冀州梁岐在雍州從東循山治水而西(壺)音胡馬云壺口山名(治)如字(岐)其宜反(雍)於用反後州

名同

既修太原至于岳陽高平曰太原今以為郡名岳太岳在太原西南山南曰陽（岳）字又作嶽太岳山名陽山南曰陽水北亦曰陽

覃懷厎績至于衡漳覃懷近河地名漳水横流入河從覃懷致功至横漳（覃）徒南反（厎）之履反（衡）如字横也馬云水名（漳）音章（近）附近之近

厥土惟白壤無塊曰壤水去土復其性色白而壤（壤）若丈反馬云天性和美也（塊）苦對反

厥賦惟上上錯賦謂土地所生以供天子上上第一錯雜雜出第二之賦（上）如字賦第一（錯）倉各反馬云地有上下相錯通率第一（供）音恭

厥田惟中中田之高下肥瘠九州之中為第五（中）丁仲反又如字中馬云土地有高下（肥）符非反（瘠）在亦反

恒衛既從大陸既作二水已治從其故道大陸之地已可耕作（從）丁容反

島夷皮服海曲謂之島居島之夷還服其皮明水害除（島）當老反馬云島夷北夷國

夾右碣石入于河碣石海畔山禹夾行此山之右而入河逆上此州帝都不說境界以餘州所至則可知先賦後田亦殊於餘州不言貢篚亦差於餘州（夾）音協注同帶也（碣）其列反韋昭其逝反（上）時掌反（逆）方尾反

（重言）入于河三

冀州一又篇末導沇導渭各一 ○濟河惟兖州東南據濟西北距河【濟】子禮反下同【兖】悦轉反九

河既道河水分爲九道在此州界平原以北是【九河】徒駭一太史二馬頰三覆釜四胡蘇五簡六絜七鉤盤八鬲津九出爾雅

雷夏既澤。灉沮會同雷夏澤名灉沮二水會同此澤【灉】徐音邕王於用反【沮】七餘反

桑土既蠶是降丘宅土地高曰丘大水去民不丘居平土就桑蠶【蠶】在南反

厥土黑墳色黑而墳起【墳】扶粉反後同韋昭音勃憤反起也馬云有膏肥也厥草惟繇厥木惟條繇茂條長也【繇】音遥馬云抽也【重意】厥草惟繇厥木惟條後揚州厥草惟夭厥木惟喬

厥田惟中下田第六厥賦貞貞正也州第九賦正與九相當作十有三載乃同治水十三年乃有賦法與他州同【載】馬鄭本作年

厥貢漆絲。厥篚織文地宜漆林又宜桑蠶織文錦綺之屬盛之筐篚而貢焉【漆】音七【盛】音成

浮于濟漯。達于河順流曰浮濟漯兩水名因承入水曰達【漯】天荅反篇韻他合反【重言】達于河三重見徐州豫州 ○海

岱惟青州東北據海西南距岱（岱）音代泰山也嵎夷既略。濰淄其道嵎夷地名用功少曰略濰淄二水復其故道（嵎）音隅（濰）音惟本亦作惟又作維（淄）側其反厥土白墳。海濱廣斥濱涯也言復其斥鹵（濱）必人反（斥）音尺說文云東方謂之斥西方謂之鹵又鄭云斥謂地鹹鹵（涯）魚佳反厥田惟上下。厥賦中上田第三賦第四厥貢鹽絺。海物惟錯絺細葛錯雜非一種（鹽）餘占反（絺）勑其反（種）章勇反岱畎絲。枲。鉛。松。怪石畎谷也怪異好石似玉者岱山之谷出此五物皆貢之（畎）工犬反徐作畎公谷（枲）思似反（鉛）寅專反字從公（公）音以選反（怪）如字怪石碱砆之屬萊夷作牧萊夷地名可以放牧（萊）音來（牧）牧養之牧徐音目一音茂注同厥篚檿絲檿桑蠶絲中琴瑟絃（檿）烏簟反山桑也浮于汶達于濟（汶）音問○海岱及淮惟徐州東至海北至岱南及淮淮沂其乂。蒙羽其藝二水已治二山已可種藝（沂）魚依反水名（藝）魚世反大野既豬。東原底平大野澤名水所停曰

豬東原致功而平言可耕豬張魚反
馬云水所停止深者曰豬劉東胡反
厥土赤埴墳草木

漸包
土黏曰埴漸進長包叢生埴市力反鄭作戠徐鄭王皆
讀曰熾韋昭音試漸如字本又作蔪字林木冄反草之
相包裹也包必茅反字或作苞非叢生也馬
云相包裹也黏女占反長丁丈反叢才公反
厥田惟上中。

厥賦中中
田第二
賦第五
厥貢惟土五色
王者封五色土爲
社建諸侯則各割
其方色土與之使立社燾以黃土苴以白茅茅取其潔
黃取王者覆四方燾徒報反覆也苴子餘反包裹也
羽畎

夏翟。嶧陽孤桐
夏翟翟雉名羽中旌旄羽山之谷有之孤
特也嶧山之陽特生桐中琴瑟夏戶雅反
翟徒歷反嶧
音亦一音夕
泗濱浮磬淮夷蠙珠暨魚
泗水涯水中見
石可以爲磬蠙
珠珠名淮夷二水出蠙珠及美魚泗音四水名淮夷鄭云淮水
之夷民也馬云淮夷二水名孔傳云淮夷之水本亦有作淮夷
二水也蠙蒲邊反徐扶堅反字又作蚍
韋昭薄迷反蚌也暨其器反見賢遍反
厥篚玄纖縞
玄黑繒
縞白繒
纖細也纖在中明二物皆當細纖息
廉反縞古老反又古到反繒似陵反
浮于淮泗。達于河
河
如

字說文作菏工可反云水出山陽湖陵南〔重言〕達于何三前兗州一後豫州一○淮海惟揚州
北據淮南距海彭蠡既豬。陽鳥攸居彭蠡澤名隨陽之鳥鴻鴈之屬冬月所居於此澤〔蠡〕
音禮張勃吳錄云今名洞庭湖案今在九江郡界三江既入。震澤底定震澤吳南大湖
名言三江已入致定為震澤〔三江〕韋昭云謂吳松江錢塘江浦陽江也吳地記云松江東北行七十里得三江口東北入海為
婁江東南入海為東江并松江為三江震澤吳都大湖〔底〕之履反致也史記音致〔大〕音泰篠簜既敷篠竹
箭簜大竹水去已布生〔篠〕西了反〔簜〕徒黨反或作簜他莽反厥草惟夭。厥木惟喬少長
曰夭喬高也〔夭〕於嬌反馬云長也〔喬〕其嬌反徐音驕〔少〕詩照反〔長〕丁丈反〔重意〕厥草惟夭厥木惟喬前兗州厥草惟繇厥
木惟條厥土惟塗泥地泉濕〔重言〕厥土惟塗泥二又見荆州厥田惟下
下。厥賦下上上錯田第九賦第七雜出第六厥貢惟金三品金銀銅也
〔重言〕惟金三品二又見荆州瑤琨篠簜瑤琨皆美玉〔瑤〕音遥〔琨〕音昆美石也馬本作瑻韋昭音貫

齒革羽毛惟木齒象牙革犀皮羽鳥羽毛旄牛尾木楩柟豫章犀細兮反旄音毛楩音緶又婢善反

島夷卉服南海島夷草服葛越卉徐許貴反厥篚織貝織細紵貝水物厥

包橘柚錫貢小曰橘大曰柚其所包裹而致者錫命乃貢言不常橘均必反柚由究反裹音果沿

于江海達于淮泗順流而下曰沿沿江入海自海入淮自淮入泗沿悅專反鄭作松松當爲沿馬

本作均云均平。荊及衡陽惟荊州北據荊山南及衡山之陽江漢朝宗

于海二水經此州而入海有似於朝百川以海爲宗宗尊也朝直遥反九江孔殷江於此州界分

爲九道甚得地勢之中九江尋陽地記云一曰烏白江二曰蚌江三曰烏江四曰嘉靡江五曰畎江六曰源江七曰廩江八曰

提江九曰箘江張須元緣江圖云一曰三里江二曰五州江三曰嘉靡江四曰烏土江五曰白蚌江六曰白烏江七曰箘江八

曰沙提江九曰廩江參差隨水長短或百里或五十里始於鄂陵終于江口會于桑落洲太康地記曰九江劉歆以爲湖漢九

水入彭蠡澤也沱潛既道沱江別名潛水名皆復其故道沱徒河反潛捷廉反馬云沱湖也其中泉出而

不流者【重言】沱潛既道二 謂之潛 後見梁州 **雲土夢作乂** 雲夢之澤在江南 其中有平土丘水

去可爲耕作畎畝之治【雲】本亦作云夢土 弄反一音武仲反徐莫公反【治】直吏反 **厥土惟塗泥。厥**

**田惟下中。厥賦上下** 田第八賦第【重言】厥土惟塗泥二 三人功修 又前見揚州

**厥貢羽毛齒革惟金三品** 土所出與【重意】惟金三品揚 揚州同 州有厥貢字

**杶榦栝柏** 榦柘也柏葉松身曰栝【杶】勑倫反徐勑荀反木 名又作櫄【榦】本又作幹故旦反【栝】古活反馬云

白栝也【柘】 章夜反 **礪砥砮丹** 砥細於礪皆磨石也砮石中矢鏃丹 朱類【礪】力世反【砥】音脂徐之履反韋

昭音旨【砮】音奴韋昭乃固反【磨】 末佐反鏃子木反一音七木反 **惟箘簵楛三邦底貢厥**

**名** 箘簵美竹楛中矢榦三物皆出雲夢之澤近澤三國常致 貢之其名天下稱善【箘】求隕反韋昭一名聆風【簵】音路【楛】

音戶馬云木名可以爲箭毛詩草木䟽 云葉如荆而赤莖似蓍【近】附近之近 **包** 橘 柚 **匭菁茅** 【匭】匣 也菁

以爲菹茅以縮酒【匭】音軌【菁】子丁反徐音精馬同鄭云茅有 毛刺曰菁茅【匣】胡甲反又音甲【菹】切韻側魚反【縮】所六反 **厥**

篚玄纁璣。組此州染玄纁色善故貢之璣珠類生於水組綬類（纁）許云反（璣）其依反又音機馬同說文

珠不圓也字書云小珠也玉篇渠依居沂二反（組）音祖馬云組文也九江納錫大龜尺二寸曰大龜

出於九江水中龜不常用錫命而納之（納）納馬云入也浮于江。沱潛漢。逾于洛。至

于南河（逾）越也河在冀州南東流故越洛而至南河。江沱潛漢四水名本或作潛于漢非（逾）羊朱反。荊

河惟豫州西南至荊山北距河水伊洛瀍澗既入于河伊出陸渾山洛

出上洛山澗出沔池山瀍出河南北山四水合流而入河（瀍）直然反（澗）故晏反（澠）音黽又胡困胡昆二反（沔）亡浅反又亡忍反

下同陸渾沔池既入于河冀州導沇導渭皆二縣屬河南郡（重意）無既字導洛有又東此字滎波既

豬滎澤波水已成遏豬（滎）戶扃反滎澤也（波）如字馬本作播滎播澤名（遏）烏曷反道菏澤。被孟

豬菏澤在胡陵孟豬澤名在菏東北水流溢覆被之（導）音道下同（菏）音柯又士可反注同韋胡阿反（被）皮寄反徐扶義

反注同（豬）張魚反又音諸左傳爾雅皆作孟諸宋藪澤也厥土惟壤。下土墳壚高者壤下者壚

爐疏〔爐〕音盧說文云黑剛土也厥田惟中上。厥賦錯上中田第四賦第二雜出第一
厥貢漆枲。絺紵。厥篚纖纊纊細綿〔絺〕勑其反〔紵〕直呂反〔纊〕音曠〔綿〕切韻武延反
錫貢磬錯治玉石曰錯〔錯〕治磬錯浮于洛。達于河〔重言〕達于河三前見兖州
徐州下○華陽黑水惟梁州東據華山之南西距黑水〔華〕胡化反又胡瓜反岷嶓
既藝。沱潛既道岷山嶓冢皆山名水去已可種藝沱潛發源此州入荊州〔岷〕武巾反〔嶓〕音波徐甫河
反韋音播〔重言〕沱潛既道前見荊州下蔡蒙旅平。和夷底績蔡蒙二山名祭山曰
旅平言治功畢和夷之地致功可藝〔旅〕如字韋音盧〔和〕如字又作龢鄭云和讀曰洹〔洹〕直吏反下同厥土青黎
色青黑而沃壤〔黎〕鄭力兮反徐力私反馬云小疏也厥田惟下上。厥賦下中三
錯田第七賦第八雜出第七第九三等厥貢璆。鐵。銀。鏤。砮。磬璆玉名鏤剛鐵〔璆〕音
虯徐居虯閭幼二反馬同韋昭郭璞云紫磨金寀郭注爾雅璆即紫磨金〔鐵〕天結反〔鏤〕婁豆反熊羆狐。貍

織皮貢四獸之皮織金罽〔熊〕音雄〔羆〕彼宜反狐熊而黃〔貍〕力疑反〔罽〕紀例反西傾因桓是
來浮于潛。逾于沔西傾山名桓水自西傾山南行因桓水是來浮于潛漢上曰沔〔頃〕窺井反
入于渭。亂于河越沔而北入渭浮東渡河而還帝都自所治正絶流曰亂渭音謂○黑
水西河惟雍州西距黑水東據河龍門之河在冀州西〔雍〕於用反弱水既西
導之西流至於合黎涇屬渭汭屬逮也水北曰汭言治涇水入於渭〔涇〕音經〔屬〕之蜀反〔汭〕本又作内同如
銳反馬云入也〔逮〕音代漆沮既從。灃水攸同漆沮之水已從入渭灃水所同同之於渭終南
〔沮〕七徐反〔灃〕芳弓反荊岐既旅已旅祭言治功畢此荊在岐東非荊州之荊〔治〕直吏反
惇物。至于鳥鼠三山名言相望〔終南〕山名漢書地理志一名太一三秦記云又名地胏惇物山名漢
書云垂山也原隰底績。至于豬野下濕曰隰豬野地名言皆致功三危既宅。
三苗丕叙西裔之山已可居三苗之族大有次叙美禹之功〔丕〕普悲反厥土惟黃壤。

厥田惟上上，厥賦中下田第一賦第六人功少厥貢惟球琳
琅玕球琳皆玉名琅玕石而似珠(球)音求(琳)韋音來金反(琅)音郎(玕)音干山海經云崑崙山有琅玕樹浮
于積石。至于龍門西河積石山在金城西南河所經也沿河順流而北千里而東千里
而南龍門山在河東之西界會于渭汭逆流曰會自渭北涯逆水西上(汭)時掌反織皮崐
崘。析支渠搜。西戎即叙織皮毛布有此四國在荒服之外流沙之内羌髳之屬皆就次
叙美禹之功及戎狄也(崘)魯門反馬云崐崘在臨羌西(析)星歷反馬云析支在河關西(搜)所由反漢書志朔方郡有渠搜縣武
紀云北發渠搜是也(髳)音謀又音毛西戎國名導岍及岐。至于荊山更理說所治山川首
尾所在治山通水故以山名之三山皆在雍州(導)音道從首起也(岍)音牽本亦作汧山名一名吳岳馬本作開重言至于
荊山二後見導嶓冢下逾于河此謂梁山龍門西河壷口雷首。至于太岳
二山在冀州太岳上黨西底柱析城。至于王屋此三山在冀州南河之北東行(底)之履反

柱如字韋知父反又知女反底柱山名在河水中

太行恒山至于碣石入于海

此二山連延東北接碣石而入滄海百川經此衆山禹皆治之不可勝名故以山言之行戶剛反又如字滄音倉碣音升

【重言】入于海四又下文導河導漾導江各一導沇有又北東字導淮有東字

西傾朱圉鳥鼠

西傾朱圉在積石以東鳥鼠渭水所出在隴西之西三者雍州之南山傾窺幷反圉魚呂反

至于太華

相首尾而東華如字又戶化反

熊耳外方桐柏至于陪尾

四山相連東南在豫州界洛經熊耳伊經外方淮出桐柏經陪尾凡此皆先舉所施功之山於上而後條列所治水於下互相備陪音裴陪尾山名漢書作橫尾列如字本或作別彼列反

導嶓冢至于荊山

漾水出嶓冢在梁州經荊山荊山在荊州漾羊尚反

【重言】至于荊山二前見導汧下

內方至于大別

內方大別二山名在荊州漢所經

岷山之陽至于衡山

岷山江所出在梁州衡山江所經在荊州

過九江至于敷淺原

言衡山連延過九江接敷淺原言導從首起言陽從南敷淺原一名博陽

山在揚州豫章東北〔重言〕過九江二又見導江下

導弱水。至于合黎合黎水名在流沙東〔弱〕本或作溺〔合〕如字〔黎〕力兮反馬云地名餘波入于流沙弱水餘波西溢入流沙〔溢〕音逸

導黑水至于三危入于南海黑水自北而南經三危過梁州入南海〔重意〕入于南海上文入于海四無南字

導河積石。至于龍門施功發于積石至于龍門或鑿山或穿地以通流南至于華陰河自龍門南流至華山北而東行東至于底柱底柱山名河水分流包山而過山見水中若柱然在西虢之界〔見〕賢遍反〔虢〕寡白反又東至于孟津孟津地名在洛北都道所湊古今以爲津〔孟津〕如字洛北地名〔湊〕七豆反東過洛汭。至于大伾洛汭洛入河處山再成曰伾至于大伾而北行〔伾〕本亦作岯音丕又皮鄙反徐扶眉反又敷眉反韋音嚭郭撫梅反字或作伾北過降水。至于大陸降水水名入河大陸澤名〔降〕如字鄭戶江反又北播爲九河北分爲九河以殺其溢在兖州界〔殺〕所界反〔溢〕字又作隘於賣反同爲逆

河。入于海同合爲一大河名逆河而入於渤海皆禹所加功故叙之〔渤〕蒲乃反〔重言〕入于海四前見

導岍及岐下嶓冢導漾東流爲漢泉始出山爲漾水東南流爲沔水至漢中東行爲漢

水又東爲滄浪之水別流在荆州〔滄〕音郎過三澨至于大別。

三澨水名入漢大別山名〔澨〕市制反南入于江觸山回南入江〔觸〕切韻尺玉反東匯澤爲

彭蠡匯迴也水東迴爲彭蠡大澤〔匯〕徐音胡罪反韋空于爲反東爲北江入于海

自彭蠡江分爲三入震澤遂爲北江而入海〔重言〕入于海四見導岍章末岷山導江。東別

爲沱江東南流沱東行〔沱〕東何反又東至于澧澧水名〔澧〕音禮過九江。至

于東陵江分爲九道在荆州東陵地名〔重言〕過九江二前見導嶓冢下東迆北會于

匯迆溢也東溢分流都共北會爲彭蠡〔迆〕以爾反馬云靡也東爲中江。入于海有北

有中南可知〔重言〕入于海四並見前導岍章末導沇水。東流爲濟泉源爲沇流去爲濟

在温西北平地沇音兗又以轉反入于河。溢為滎濟水入河並流十數里而南截河又並流數里
溢為滎澤在敖倉東南數色住反下同一本作十數重言入于河三前見冀州末一後又見導渭末一東出
于陶丘北陶丘丘再成陶音桃又東至于菏菏澤之水又東北會
于汶濟與汶合又北東入于海北折而東折之設反導淮自桐柏
桐柏山在南陽之東東會于泗沂東入于海與泗沂二水合入于海重言入于
海四並本篇詳附上文導岍下導渭自鳥鼠同穴鳥鼠共為雄雌同穴處此山遂以名山曰
鳥鼠渭水出焉東會于灃。又東會于涇灃水自南涇水自北而合灃音豐又
東過漆沮。入于河漆沮二水名亦曰洛水出馮翊北翊與職反重言入于河三前見
冀州及導沇下導洛自熊耳在宜陽之西東北會于澗瀍會于河南城南
又東會于伊合於洛陽之南又東北入于河合於鞏之東鞏恭勇反縣名屬

河南郡【重言】入于河三前見豫州無又東北有既字九州攸同所同事在下四隩
既宅四方之宅已可居【隩】於六反玉篇於報反九山刊旅九川滌源九
澤既陂九州名山已槎木通道而旅祭矣九州之川已滌除泉源無壅塞矣九州之澤已陂障無決溢矣【滌】待歷
反陂彼宜反【槎】仕雅反【障】章尚反四海會同四海之內會同京師九州同風
萬國共貫水火金木土穀甚修理言政化和【貫】工喚反【重意】六府孔修禹謨六府三事允治六府孔修庶土交正
厎慎財賦交俱也衆土俱得其正謂壤墳壚致所慎者財貨貢賦言取之有節不過度咸則
三壤成賦中邦皆法壤田上中下大較三品成九州之賦明水害除【較】音角錫土姓
祗台德先不距朕行台我也天子建德因生以賜姓謂有德之人生此地以此地名賜之
姓以顯之王者常自以敬我德爲先則天下無距違我行者【台】徐音怡【行】下孟反注同五百里甸服
規方千里之內謂之甸服爲天子服治田去王城面五百里【甸】田遍反【爲】于僞反百里賦納總甸服

內之百里近王城者禾稾曰總入之供飼國馬〔納〕如字本又作內音同下如字〔總〕音揔〔近〕附近之近〔稾〕故老反〔供〕音恭〔飼〕音嗣

二百里納銍銍刈謂禾穗〔銍〕珍栗反〔穗〕亦作穟音遂三百里納秸服秸稾也服稾役〔秸〕本或作稭工八反馬云去其穎音鞂四百里粟。五百里米所納精者少麤者多

五百里侯服甸服外之五百里侯候也斥候而服事百里采侯服內之百里供王事而已不主一

二百里男邦男任也任王者事〔任〕而針反又而鴆反下同三百里諸侯三百里同爲王者斥候故合三爲一名〔同爲〕于僞反五百里綏服綏安也侯服外之五百里安服王者之政教〔綏〕息遺反

三百里揆文教揆度也度王者文教而行之三百里皆同〔揆〕葵癸反〔度〕待洛反二百里奮武衛文教外之二百里奮武衛天子所以安〔奮〕方問反五百里

要服綏服外之五百里要束以文教〔要〕一遙反〔束〕如字一音來三百里夷守平常之教事王者而已〔夷〕馬云易也二百里蔡蔡法也法三百里而差簡〔差〕初佳反又初賣反五百里荒

服（要服外之五百里言荒又簡畧）三百里蠻（以文德蠻來之不制以法）二百里流（流移也言政教隨其俗凡五服相距爲方五千里）東漸于海西被于流沙朔南暨聲教（漸入也被及也此言五服之外皆與王者聲教而朝見〔漸〕子廉反〔被〕皮寄反〔朔〕朔北也〔與〕音預〔朝〕直遥反〔見〕賢遍反）訖于四海禹錫玄圭告厥成功（玄天色禹功盡加於四海故堯賜玄圭以彰顯之言天功成〔訖〕斤迄反）

## 甘誓第二　夏書　孔氏傳

啓與有扈戰于甘之野作甘誓（夏啓嗣禹位伐有扈之罪啓禹子嗣禹爲天子也〔扈〕音户有扈國名與夏同姓馬云姒姓之國爲無道者案京兆鄠縣即有扈之國也甘有扈郊地名馬云南郊地也甘水名今在鄠縣西誓馬云軍旅曰誓會同曰誥）〔重意〕啓與有扈戰于甘之野湯誓遂與桀戰于鳴條之野牧誓與受戰于牧野

甘誓（甘有扈郊地名將戰先誓）大戰于甘乃召六卿（天子六軍其將皆命）

卿【將】子匠反 王曰嗟六事之人各有軍事故曰六事予誓告汝有

扈氏威侮五行怠棄三正五行之德王者相承所取法有扈與夏同姓恃親而不恭是則威虐侮慢五行怠惰棄廢天地人之正道言亂常【侮】亡甫反【正】如字徐音征馬云建子建丑建寅三正也【惰】徒卧反【重意】威侮五行洪範汨陳其五行

天用勦絕其命用其失道故勦截也截絕謂滅之【勦】子六反玉篇子小反馬作巢與玉篇切韻同

今予惟恭行天之罰恭奉也言欲截絕之【罰】音伐【重意】今予惟恭行天之罰牧誓有發字

左不攻于左汝不恭命左車左左方主射攻治也治其職【重言】汝不恭命二連見下文

右不攻于右汝不恭命右車右勇力之士執戈矛以退敵

御非其馬之正汝不恭命御以正馬爲政三者有失皆不奉我命【御】魚慮反

用命賞于祖天子親征又載遷廟之祖主行有功則賞祖主前示不專

弗用命戮于社天子親征又載社主謂之社事不用命奔北者則戮之於社主前社主陰陰主殺親

祖嚴社之義【戮】音六【北】如字又音佩軍走曰北【重意】用命賞于祖弗用命戮于社泰誓功多有厚賞不迪有顯戮○

【互註】禮小宗伯若大師則帥有司而立軍社奉主車註云王出軍必先有事於社及遷廟而以其主行社主曰軍社遷主曰祖社之主蓋用石爲之**予則孥戮汝**孥子也非但止汝身辱及汝子言恥累也【孥】音奴【累】劣僞反

【重言】予則孥戮汝二後見湯誓

# 五子之歌第三　　夏書　　孔氏傳

**太康失邦**啓子也盤于遊田不恤民事爲羿所逐不得反國**昆弟五人須于洛汭。作五子之歌**太康五弟與其母待太康於洛水之北怨其不反故作歌【五子】名字書傳無聞仲康蓋其一也【須】馬云止也【汭】如鋭反本又作內音同

**五子之歌**啓之五子因以名篇**太康尸位以逸豫**尸主也主以尊位爲逸豫不勤【逸】本又作佾【豫】本又作忬音同**滅厥德。黎民咸貳**君喪其德則衆民皆貳心矣【黎】力兮反【喪】息浪反**乃盤遊無度**盤樂

游逸無法度（盤）步干反本或作槃（度）如字（樂）音洛畋于有洛之表。十旬弗反
洛水之表水之南十日曰旬田獵過百日不還（畋）音田有窮后羿。因民弗忍距于
河有窮國名羿諸侯名距太康於河不得入國遂廢之（羿）五計反（徐）胡細反（距）音巨厥弟五人。
御其母以從御侍也言從畋（從）如字或作才用反非徯于洛之汭。五子
咸怨待太康怨其久畋失國（徯）胡啓反述大禹之戒以作歌述循也歌以敘
怨其一曰。皇祖有訓。民可近不可下皇君也君祖禹有訓戒近
謂親之下謂失分（近）附近之近（分）扶問反（重意）民可近不可下太甲下無輕民事惟難民惟邦本。
本固邦寧言人君當固民以安國予視天下。愚夫愚婦一能
勝予言能畏敬小民所以得衆心一人三失。怨豈在明。不見是
圖三失過非一也不見是謀備其微（三）如字又息暫反（見）賢遍反予臨兆民。懔乎若

朽索之馭六馬十萬曰億十億曰兆言多懍危貌朽腐也腐索馭六馬言危懼甚（懍）力甚反（朽）許久反（索）息洛反馭音御（腐）扶甫反爲人上者奈何不敬能敬則不驕在上不驕則高而不危（重意）奈何弗敬後見召誥篇曷其奈何弗敬其二曰訓有之內作色荒。外作禽荒作爲也迷亂曰荒色女色禽鳥獸甘酒嗜音峻宇雕牆甘嗜無厭足峻高大雕飾畫（甘）一音戶甘反（嗜）市志反（峻）思俊反（牆）慈羊反（厭）於鹽反又於豔反有一于此。未或不亡此六者棄德之君必有其一有一必亡況兼有乎其三曰惟彼陶唐。有此冀方陶唐帝堯氏都冀州統天下四方今失厥道亂其紀綱。乃厎滅亡言失堯之道亂其法制自致滅亡（厎）之履反（互註）左哀五年夏書曰惟彼陶唐帥彼天常有此冀方今失其行亂其紀綱乃厎滅亡其四曰明明我祖萬邦之君。有典有則。貽厥子孫君萬國爲天子典謂經籍則法貽遺也言仁及後世（貽）以之反

遺唯季反 重意 萬邦之君說命天子惟君萬邦 關石和鈞。王府則有。荒墜厥緒。覆宗絕祀 金鐵曰石供民器用通之使和平則官民足言古制存而太康失其業以取亡 覆芳服反 供音恭

其五曰。嗚呼曷歸。予懷之悲 曷何也言思而悲 曷戶割反 萬姓仇予。予將疇依 仇怨也言當依誰以復國乎 鬱陶乎予心。顏厚有忸怩 鬱陶言哀思也顏厚色愧忸怩心慙慙愧於仁人賢士 鬱音蔚 陶音桃 鬱陶憂思也 忸女六反 怩女飢反 徐乃私反 思息嗣反 弗慎厥德。雖悔可追 言人君行已不慎其德以速滅敗雖欲改悔其可追及乎言無益 雖如字或作睢

# 胤征第四　夏書　孔氏傳

羲和湎淫。廢時亂日 羲氏和氏世掌天地四時之官自唐虞至三代世職不絕承太康之後沈湎於酒過差非度廢天時亂甲乙 湎徐音緜面善反 差初賣反又初佳反 胤往征之。作胤征

胤國之君受王命往征之胤國名胤征奉辭罰罪曰征惟仲康肇位四海羿廢太康而立其弟仲康爲天子肇音兆下同胤侯命掌六師仲康命胤侯掌王六師爲大司馬○

【重意】掌六師周官篇統六師羲和廢厥職酒荒于厥邑舍其職官還其私邑以酒迷亂不修其業舍音捨胤后承王命徂征徂往也就其私邑往討之告于衆曰嗟予有衆誓勑之聖有謨訓明徵定保徵證也保安也聖人所謀之教訓爲世明證所以定國安家先王克謹天戒臣人克有常憲言君能慎戒臣能奉有常法百官修輔厥后惟明明修職輔君君臣俱明【重意】厥后惟明明太甲下惟明明后每歲孟春遒人以木鐸徇于路遒人宣令之官木鐸金鈴木舌所以振文教遒在由反鐸待洛反徇音令官師相規工執藝事以諫官衆衆官更相規闕百工各執其所治技藝以諫諫失常藝本又作埶更音庚技其綺反

互注 左襄十四年士傳言庶人謗商旅于市百工獻藝故夏書曰遒人以木鐸徇于路官師相規工執藝事以諫正月孟春於是乎有之諫失常也

其或不恭。邦有常刑 言百官廢職服大刑 重意 邦有常刑 費誓汝則有常刑

惟時羲和。顛覆厥德 顛覆言反倒將陳羲和所犯故先舉孟春之令犯令之誅 覆芳服反 倒丁老反

沈亂于酒。畔官離次 沈謂醉冥失次位也 離如字又力智反 冥莫定反又立丁反 重意 沈亂于酒 微子沈酗于酒

俶擾天紀。遐棄厥司 俶始擾亂遐遠也紀謂時日司所主也 俶本又作俶亦作叔同尺六反 擾而小反

乃季秋月朔。辰弗集于房 辰日月所會房所舍之次集合也不合即日食可知

瞽奏鼓。嗇夫馳。庶人走 凡日食天子伐鼓於社責上公瞽樂官樂官進鼓則伐之嗇夫主幣之官馳取幣禮天神衆人走供救日食之百役也 嗇音色 馳車馬曰馳 走步曰走 供音恭

羲和尸厥官。罔聞知 主其官而無聞知於日食之變異

昏迷于天象。以干先王之誅 闇錯天象言昏亂之所以罪重

甚于犯也政典曰先時者殺無赦政典夏后爲政之典籍若周官六卿之治典先時謂曆象之法四時節氣弦望晦朔先天時則罪死無赦◯先悉薦反又如字注先時先天同◯赦時夜反◯治直吏反不及時者殺無赦不及謂曆象後天時雖治其官苟有先後之差則無赦況廢官乎◯後胡豆反今予以爾有衆奉將天罰將行也奉王命行王誅謂殺湎淫之身立其賢子弟◯重意今予以爾有衆奉將天罰湯誓爾尚輔予一人致天之罰泰誓上以爾有衆底天之罰泰誓下奉予一人恭行天罰爾衆士同力王室尚弼予欽承天子威命以天子威命督其士衆使用命◯重言爾衆士三本篇二泰誓下火炎崐岡玉石俱焚山脊曰岡崐山出玉言火逸而害玉崐音昆天吏逸德烈于猛火逸過也天王之吏爲過惡之德其傷害天下甚於火之害玉猛火烈矣又烈於火殲厥渠魁脅從罔治殲滅渠大魁帥也指謂羲和罪人之身其脅從距王師者皆無治◯殲子廉反◯魁苦回反◯脅虛業反◯帥色類反舊染汙俗咸

與惟新言其餘人久染汙俗本無惡心皆與更新一無所問汙烏故反汙辱之汙又音烏洿泥著物也一音烏卧反

嗚呼威克厥愛允濟歎能以威勝所愛則必有成功愛克厥威允罔功以愛勝威無以濟衆信無功其爾衆士懋戒哉言當勉以用命戒以辟戮懋音茂辟音避重意懋戒哉大禹謨戒哉太甲嗣王戒哉

自契至于成湯八遷十四世凡八徙國都契悉列反殷之始祖八遷八遷之書史唯見四湯始居亳從先王居契父帝嚳都亳湯自商丘遷焉故曰從先王居作帝告釐沃告來居治沃土二篇皆亡告工毒反沃徐烏酷反此五亡篇舊解是夏書馬鄭之徒以爲商書兩義俱通

湯征諸侯爲夏方伯得專征伐葛伯不祀湯始征之葛國伯爵也廢其土地山川及宗廟神祇皆不祀湯始伐之伐始於葛祇巨支反作湯征述始征之義也亡

伊尹去亳適夏伊尹字氏湯進於桀旣醜有夏復歸于亳醜惡其政不能用賢故退還復扶又反重言復歸于亳二後見湯誥太甲上

入

自北門。乃遇汝鳩汝方（鳩方二人湯之賢臣不期而會曰遇）作汝鳩汝方（言所以醜夏而還之意二篇皆亡）

監本纂圖重言重意互註點校尚書卷第三

# 監本纂圖重言重意互註尚書卷第四

## 湯誓第一　　商書　　孔氏傳

伊尹相湯伐桀。升自陑。桀都安邑湯升道從陑出其不意陑在河曲之南【相】息亮反【陑】如字馬云俗儒以湯爲謚或爲號號者以非其意言謚近之然不在謚法故無聞焉及禹俗儒以爲名帝系禹名文命王侯世本湯名天乙推此言之禹豈復非謚乎亦不在謚法故冥焉【桀】其列反夏之末天子【升】音昇【陑】音而遂與桀戰于鳴條之野。地在安邑之西桀逆拒湯【重意】遂與桀戰于鳴條之野見甘誓牧誓作湯誓。戒誓湯士衆

王曰。格爾衆庶。悉聽朕言。契始封商湯遂以爲天下號湯稱王則比桀於一夫【格】庚白反來也【重意】悉聽朕言盤庚明聽朕言泰誓咸聽朕言呂刑皆聽朕言非台小子。敢行稱亂。有夏多罪。天命殛之。稱舉也舉亂以諸侯伐天子非我小子敢行此事桀有昏德天命誅之今順天【台】以之反下同【殛】居力反今爾有衆。汝曰。

我后不恤我衆。舍我穡事。而割正夏（汝汝有衆我后桀也正政也言奪民農功而爲割剝之政〔恤〕荀律反〔舍〕音捨廢也）予惟聞汝衆言（不憂我衆之言）夏氏有罪。予畏上帝。不敢不正（不敢不正桀罪誅之）今汝其曰。夏罪其如台（今汝其復言桀惡其亦如我所聞之言〔復〕扶又反〔重言〕其如台四後見盤庚上高宗肜日西伯戡黎）夏王率遏衆力。率割夏邑（言桀君臣相率爲勞役之事以絕衆力謂廢農功相率割剝夏之邑居謂征賦重〔遏〕於葛反徐音謁馬云止也）有衆率怠弗協曰。時日曷喪。予及汝皆亡（衆下相率爲怠惰不與上和合比桀於日曰是日何時喪我與汝俱亡欲殺身以喪桀〔喪〕息浪反〔惰〕徒卧反）夏德若茲。今朕必往（凶德如此我必往誅之〔重言〕今朕必往重見泰誓）爾尚輔予一人。致天之罰。予其大賚汝（賚與也汝庶幾輔成我我大與汝爵賞〔罰〕音伐〔賚〕力代反徐音來〔重意〕爾尚輔予一人泰誓上爾尚弼

予一人。致末之罰多方我則致天之罰泰誓上底天之罰爾無不信。朕不食言食盡

其言僞不實爾不從誓言不用命予則孥戮汝。罔有攸赦古之用刑父子兄弟罪不相及今云孥戮汝無有所赦權以脅之使勿犯(重言)予則孥戮汝又甘誓湯既勝

夏。欲遷其社。不可湯承堯舜禪代之後順天應人逆取順守而有慚德故革命創制改正易服變置社稷而後世無及句龍者故不可而止(社)常者反后土之神(禪)時戰反(應)應對之應(創)初亮反(正)音征又音政(句)音鉤句龍共工之子爲后土作夏社。疑至臣扈言夏社不可遷之義疑至及臣扈二篇皆亡(扈)音戶

夏師敗績。湯遂從之大崩曰敗績從謂遂討之(績)子歷反(從)才容反遂伐

三朡。俘厥寶玉三朡國名桀走保之今定陶也桀自安邑東入山出太行東南涉河湯緩追之不迫遂奔南巢俘取也玉以禮神使無水旱之災故取而寶之(朡)子公反(俘)音孚(行)戶剛反一音如字誼伯仲伯。作典寶二臣作典寶一篇言國之常寶也亡(誼)本或作義

仲虺之誥第二　商書　孔氏傳

湯歸自夏至于大坰自三朡而還大坰地名○坰故熒反徐欽熒反又古熒反仲虺作誥爲湯左相奚仲之後○虺許鬼反誥故報反相息亮反

仲虺之誥仲虺臣名以諸侯相天子會同曰誥

成湯放桀于南巢。惟有慙德湯伐桀武功成故以爲號南巢地名有慙德慙德不及古○湯伐桀武功成故號成湯一云成謚也曰予恐來世以台爲口實恐來世論道我放天子常不去口

仲虺乃作誥陳義告湯可無慙曰。嗚呼。惟天生民有欲無主乃亂民無君主則恣情欲必致禍亂惟天生聰明時乂言天生聰明是治民亂有夏昏德。民墜塗炭夏桀昏亂不恤下民民之危險若陷泥墜火無救之者天乃錫王勇智表正萬邦纘禹舊服言天與王勇智應爲民主儀表天下法正萬國繼禹之功統其故服○纘子管反應應對之應○

【重意】纘禹舊服 君牙纘乃舊服 茲率厥典，奉若天命。天意如此，但當循其典法，奉順天命而已，無所慙。【重意】奉若天命 說命奉若天道 夏王有罪，矯誣上天，以布命于下。言託天以行虐於民，乃桀之大罪。【矯】居表反。【誣】音無。帝用不臧，式商受命，用爽厥師。天用桀無道，故不善之。式，用。爽，明也。用商受王命，用明其衆，言為王也。【臧】作郎反。【重言】式商受命 重見立政 簡賢附勢，寔繁有徒。簡，略也。賢而無勢則略之，不賢有勢則附之。若是者繁多有徒衆，無道之世所常。【繁】音煩。肇我邦于有夏，若苗之有莠，若粟之有秕。始我商家國於夏世，欲見翦除，若莠生苗，若秕在粟，恐被鋤治簸颺。【莠】羊九反。【秕】悲里反，徐甫里反，又必履反。【鋤】仕魚反。【簸】波我反。【颺】音揚。小大戰戰，罔不懼于非辜。矧予之德，言足聽聞。言商家小大憂危，恐其非罪見滅。矧，況也。況我之道德善言足聽聞乎？無道之惡有道，自然理。【惡】烏路反。惟王不邇聲色，不殖貨利。【邇】近也。不近聲樂，言清簡不近女色言貞固殖生也不生資貨財利言不貪也既有聖德兼有此行〔近〕附近之近〔行〕下孟反德懋懋官功懋懋賞用人惟己改過不吝勉於德者則勉之以官勉於功者則勉之以賞用人之言若自己出有過則改無所吝惜所以能成王業克寬克仁彰信兆民言湯寬仁之德明信於天下乃葛伯仇餉初征自葛東征西夷怨南征北狄怨葛伯遊行見農民之餉於田者殺其人奪其餉故謂之仇餉仇怨也湯為是以不祀之罪伐之從此後遂征無道西夷北狄舉遠以言則近者著矣〔仇〕音求〔餉〕式亮反曰奚獨後予怨者辭也攸徂之民室家相慶曰徯予后后來其蘇湯所往之民皆喜曰待我君來其可蘇息〔徯〕胡啟反〔蘇〕字亦作穌〔重意〕徯予后后來其蘇太甲中徯我后后來其無罰民之戴商厥惟舊哉舊謂初征自葛時佑賢輔德顯忠遂良賢則助之德則輔之忠則顯之良則進之明王之道兼弱攻昧取亂侮亡弱則兼之闇則

攻之亂則取之有亡形則侮之言正義**推亡固存邦乃其昌**有亡道則推而亡之有存道則輔而固之王者如此國乃昌盛【推】土雷反【重意】邦乃其昌洪範而邦其昌【互註】左襄十四年晉侯問衛故於中行獻子對曰不如因而定之衛有君矣仲虺有言曰亡者侮之亂者取之推亡固存國之道也又襄三十年亂者取之亡者侮之推亡固存國之利也**德日新萬邦惟懷。志自滿。九族乃離。**日新不懈怠自滿志盈溢【懈】工債反【重意】德日新咸有一德時乃日新**王懋昭大德。建中于民。以義制事。以禮制心。垂裕後昆。**欲王自勉明大德立大中之道於民率義奉禮垂優足之道示後世【中】如字本或作忠非【裕】徐以樹反【重意】建中于民舜典允執厥中。垂裕後昆微子之命德垂後裔**予聞曰。能自得師者王。**求賢聖而事之【王】徐于況反又如字**謂人莫己若者亡。**自多足人莫之益亡之道**好問則裕。自用則小。**問則有得所以足不問專固所以小【好】呼報反**嗚呼。慎厥終。惟其始。**靡不有初鮮克有終

故戒慎終如其始〔釋〕息淺反

殖有禮，覆昬暴。有禮者封殖之，昬暴者覆亡之。〔覆〕芳服反〔暴〕蒲報反

字或作[illegible]

欽崇天道，永保天命。王者如此上事，則敬天安命之道。〔重意〕欽崇天道

說命奉若天道

# 湯誥第三

商書　孔氏傳

湯既黜夏命，黜退也，退其王命。復歸于亳，作湯誥。湯誥以伐桀大義告天下。〔重言〕復歸于亳二　又嗣征太甲

王歸自克夏，至于亳，誕告萬方。誕大也，以天命大義告萬方之衆人。〔誕〕音但〔告〕工毒反

王曰：嗟！爾萬方有衆，明聽予一人誥。天子自稱曰予一人，古今同義。

惟皇上帝降衷于下民，皇天上帝，天也。衷，善也。若有恒性，克綏厥猷惟后。順人有常之性，能安立其道教，則惟爲君之道。

夏王滅德作威，以敷虐于爾萬方

百姓（夏桀滅道德作威刑以布行虐政於天下百官言殘酷）爾萬方百姓。罹其凶害。弗忍荼毒（罹被荼毒苦也不能堪忍虐之甚〔罹〕力之反本亦作羅洛何反〔荼〕音徒）並告無辜于上下神祇（言百姓兆民並告無罪稱冤訴天地〔冤〕於元反）天道福善禍淫。降災于夏。以彰厥罪（政善天福之淫過天禍之故下災異以明桀罪惡譴寤之而桀不改〔譴〕遣戰反〔寤〕五故反）

〔重意〕天道福善禍淫伊訓作善降之百祥作不善降之百殃

肆台小子。將天命明威。不敢赦（行天威謂誅之〔台〕音怡）敢用玄牡。敢昭告于上天神后。請罪有夏（明告天問桀百姓有何罪而加虐乎〔牡〕茂后反）

〔重意〕敢昭告于上天神后武成告于皇天后土

聿求元聖。與之戮力。以與爾有衆請命（聿遂也大聖陳力謂伊尹放桀除民之穢是請命〔聿〕允橘反述也〔戮〕舊音六又力彫反說文力周反史記音力消反〔穢〕於廢反）上天孚佑下民。罪人黜伏（孚信也天信佑助下民㚍知其罪退伏遠屏天命弗僭。賁若草木。兆民允殖僭差賁飾也言福善禍淫之道不差天下惡除煥然咸飾若草木同華民信樂生僭子念反忒也劉劖林反賁彼義反徐扶云反煥呼亂反樂音洛【重意】天命弗僭大誥天命不僭。兆民允殖伊訓兆民允懷俾予一人。輯寧爾邦家言天使我輯安汝國家國諸侯家卿大夫俾必爾反徐甫婢反輯音集又七入反茲朕未知獲戾于上下此伐桀未知得罪於天地謙以求衆心戾力計反慄慄危懼。若將隕于深淵慄慄危心若墜深淵危懼之甚慄音栗隕于敏反凡我造邦。無從匪彝。無即慆淫戒諸侯與之更始彝常慆慢也匪從非常無就慢過禁之彝徐音夷慆他刀反各守爾典。以承天休守其常法承天美道爾有善。朕弗敢蔽。罪當朕躬。弗敢自赦。惟簡在上帝之心所以不蔽善人不赦己罪以其簡在天心故也其爾萬方有罪。在予一人自責化不至○

〔重意〕其爾萬方有罪在予一人泰誓中百姓有過在予一人 予一人有罪。無以爾萬方（無用爾萬方言非所及）嗚呼。尚克時忱。乃亦有終。（忱誠也庶幾能是誠道乃亦有終世之美〔忱〕市林反）咎單作明居（咎單臣名主土地之官作明居民法一篇亡〔咎〕其九反〔單〕音善卷末同）

伊訓第四　商書　孔氏傳

成湯既沒。太甲元年（太甲太丁子湯孫也太丁未立而卒及湯沒而太甲立稱元年）伊尹作伊訓肆命徂后（凡三篇其二亡）伊訓（作訓以教導太甲）惟元祀。十有二月乙丑。伊尹祠于先王（此湯崩踰月太甲即位奠殯而告〔祀〕年也夏曰歲商曰祀周曰年唐虞曰載〔祠〕音辭祭也）奉嗣王。祗見厥祖（居位主喪〔見〕賢遍反）侯甸羣后咸在（在位次〔甸〕徒遍反）百官總己。以聽冢宰（伊尹制百官以三公攝冢宰（總）音揔伊尹乃明言烈祖之成德以訓于王湯有功烈之祖故稱焉曰嗚呼古有夏先后方懋厥德罔有天災先后稱禹以下少康以上賢王言能以德禳災（少）詩照反（上）時掌反（禳）如羊反山川鬼神亦莫不寧莫無也言皆安之暨鳥獸魚鼈咸若雖微物皆順之明其餘無不順（暨）其器反（鼈）必滅反（重意）暨鳥獸魚鼈咸若舜典疇若予上下草木鳥獸于其子孫弗率皇天降災假手于我有命言桀不循其祖道故天下禍災借手於我有命商王誅討之造攻自鳴條朕哉自亳造哉皆始也始攻桀伐無道由我始修德于亳（亳）旁各反徐扶各反惟我商王布昭聖武代虐以寬兆民允懷言湯布明武德以寬政代桀虐政兆民以此皆信懷我商王之德（重意）兆民允懷前篇兆民允殖今王嗣厥德罔不在初言善惡之由無不在初欲其慎始立愛惟親

立敬惟長。始于家邦。終于四海。言立愛敬之道始於親長則家國並化終治四海（長）丁丈反

嗚呼。先王肇修人紀。從諫弗咈。先民時若。言湯始修爲人綱紀有過則改從諫如流必先民之言是順（咈）扶弗反

居上克明。言理恕

爲下克忠。事上竭誠

與人不求備。檢身若不及。使人以器之常如不及恐有過（重意）與人不求備君陳無求備于一人

以至于有萬邦。茲惟艱哉。言湯操心常危懼動而無過以至爲天子此自立之難（操）七曹反又七報反（重意）茲惟艱哉君牙厥惟艱哉秦誓是惟艱哉

敷求哲人。俾輔于爾後嗣。布求賢智使師輔於爾嗣王言仁及後世（哲）本又作喆（俾）必爾反

制官刑。儆于有位。言湯制治官刑法以儆戒百官（儆）居領反

曰。敢有恒舞于宮。酣歌于室。時謂巫風。常舞則荒淫樂酒曰酣酣歌則廢德事鬼神曰巫言無政（酣）戶甘反（巫）音無（樂）音洛

敢有殉于貨色。恒于遊

畋。時謂淫風殉求也敢求財貨美色常遊戲畋獵是淫過之風俗〔殉〕辭俊反徐辭荀反〔畋〕音田敢
有侮聖言。逆忠直。遠耆德。比頑童。時謂亂風狎侮
聖人之言而不行拒逆忠直之規而不納耆年有德疏遠之童稚頑嚚親比之是荒亂之風俗〔遠〕于萬反注同〔耆〕巨夷反〔比〕毗
志反徐扶至反〔稚〕直利反〔嚚〕魚巾反惟茲三風十愆。卿士有一于身。家
必喪有一過則德義廢失位亡家之道〔愆〕去乾反〔喪〕如字又息浪反邦君有一于身。國
必亡諸侯犯此國亡之道臣下不匡其刑墨。具訓于蒙士邦君
卿士則以爭臣自匡正臣不正君服墨刑鑿其頟涅以墨蒙士例謂下士士以爭友僕隸自匡正〔爭〕諫爭之爭〔鑿〕在洛反〔頟〕魚
白反〔涅〕乃結反〔隸〕郎計反嗚呼。嗣王祗厥身。念哉言當敬身念祖德〔重言〕
念哉二本篇益稷聖謨洋洋。嘉言孔彰洋洋美善言甚明可法〔洋〕音羊徐音翔惟
上帝不常。作善降之百祥。作不善降之百殃祥善

也天之禍福惟善惡所在不常在一家〔重意〕作善降之百祥作不善降之百殃湯誥天道福善禍淫爾惟德罔小萬邦惟慶修德無小則天下賚慶賚力代反爾惟不德罔大墜厥宗苟爲不德無大言惡有類以類相致以墜失宗廟此伊尹至忠之訓肆命陳天命以戒太甲亡徂后陳往古明君以戒亡

# 太甲上第五　商書　孔氏傳

太甲既立不明不用伊尹之訓不明居喪之禮伊尹放諸桐湯葬地也不知朝政故曰放朝直遥反三年復歸于亳思庸念常道〔重言〕復歸于亳三前見嗣征湯誥伊尹作太甲三篇太甲戒太甲故以名篇惟嗣王不惠于阿衡阿倚衡平言不順伊尹之訓倚於綺反伊尹作書曰先王顧諟天之明命以承上下神祇顧謂常目在之諟是也言敬奉天命以承

順天地〔顧〕音故〔諟〕音是說文理也〔祇〕巨支反社稷宗廟罔不祇肅肅嚴也言能嚴敬鬼神而遠之〔遠〕于萬反天監厥德用集大命撫綏萬方監視也天視湯德集王命於其身撫安天下〔監〕工暫反〔重意〕撫綏萬方泰誓寵綏四方惟尹躬克左右厥辟宅師伊尹言能助其君居業天下之衆〔辟〕必亦反徐甫亦反〔重意〕惟尹躬克左右厥辟畢命惟周公左右先王肆嗣王丕承基緒肆故也言先祖勤德致有天下故子孫得大承基業宜念祖修德〔丕〕普悲反徐甫眉反惟尹躬先見于西邑夏自周有終相亦惟終周忠信也言身先見夏君臣用忠信有終夏都在亳西〔見〕見並如字注同〔相〕息亮反其後嗣王罔克有終相亦罔終言桀君臣滅先人之道德不能終其業以取亡嗣王戒哉祇爾厥辟辟不辟忝厥祖以不終爲戒愼之至敬其君道則能終忝辱也爲君不君則辱其祖〔重意〕嗣王戒哉大禹謨戒哉嗣征懋戒哉〔五註〕記坊記子云父子不同位以厚敬也書云

祗爾厥辟，辟不辟，忝厥祖。注云君父之道宜其尊嚴 王惟庸罔念聞言太甲守常不改無念聞伊尹之戒伊

尹乃言曰。先王昧爽丕顯。坐以待旦爽顯皆明也言先王昧明思大明其德坐以待旦而行之〔昧〕音妹 旁求俊彥。啓迪後人旁非一方美士曰彥開道後人言訓戒俊本亦作畯〔迪〕大歷反〔重意〕旁求俊彥說命下旁招俊乂。啓迪後人君陳啓佑我後人 無越

厥命以自覆越墜失也無失亡祖命而不勤德以自顛覆〔越〕于月反本又作粵〔覆〕芳服反注同 愼

乃儉德。惟懷永圖言當以儉為德思長世之謀 若虞機張。往省

括于度則釋機弩牙也虞度也度機機有度以準望言修德夙夜思之明旦行之如射先省矢括于度釋則中〔省〕息井反〔括〕故活反〔度〕如字〔虞度〕待洛反〔中〕丁仲反〔五註〕記緇衣夫民閉於人而有鄙心可敬不可慢易以溺人故君子不可以不愼也太甲曰毋越厥命以自覆也若虞機張往省括于度則釋注云虞人之射禽弩已張從機間視括與所射參相得乃後釋弦發矢為政亦當以己心參於羣臣及萬民可乃後施也 欽厥止。率乃祖攸

行止謂行所安止君止於仁子止於孝 重意 欽厥止益稷安汝止。率乃祖攸行君牙率乃祖考之攸行 惟朕以懌。萬世有辭言能循汝祖所行則我喜悅王亦見歎美無窮 懌音亦 王未克變未能變不用訓太甲性輕脫伊尹至忠所以不已 輕遣政反 伊尹曰。茲乃不義。習與性成言習行不義將成其性義本亦作誼 予弗狎于弗順。營于桐宮。密邇先王其訓。無俾世迷狎近也經營桐墓立宮令太甲居之近先王則訓於義無成其過不使世人迷惑怪之 俾必爾反後篇同 近附近之近 令力呈反 王徂桐宮居憂。往入桐宮居憂位 克終允德言能思念其祖終其信德

# 太甲中第六　商書　孔氏傳

惟三祀十有二月朔湯以元年十一月崩至此二十六月三年服闋 闋苦穴反 伊尹以冕服奉嗣王。歸于亳冕冠也踰月即吉服 冕音免 作書曰。

民非后罔克胥匡以生無能相匡故須君以生（胥）息餘反后非民罔以辟四方須民以君四方（重意）民非后罔克胥匡以生后非民罔以辟四方見舜典咸有一德皇天眷佑有商俾嗣王克終厥德實萬世無疆之休言王能終其德乃天之顧佑商家是商家萬世無窮之美（疆）居良反（重意）皇天眷佑有商微子之命皇天眷佑大禹謨皇天眷命○實萬世無疆之休召誥君奭受命無疆惟休王拜手稽首曰予小子不明于德自厎不類君而稽首於臣謝前過類善也闇於德故自致不善（厎）之履反（重言）王拜手稽首二後見洛誥欲敗度縱敗禮以速戾于厥躬速召也言己放縱情欲毀敗禮儀法度以召罪於其身（敗）必邁反徐甫邁反（縱）子用反（戾）郎計反天作孼猶可違自作孼不可逭孼災逭逃也言天災可避自作災不可逃（孼）魚列反（逭）胡亂反既往背師保之訓弗克于厥初尚賴匡救之德圖

惟厥終言己已往之前不能修德於其初今庶幾賴教訓之德謀終於善悔過之辭背音佩徐扶代反伊尹拜手稽首拜手首至手曰修厥身允德協于下惟明后言修其身使信德合於羣下惟乃明君先王子惠困窮民服厥命罔有不悅言湯子愛困窮之人使皆得其所故民心服其教令無有不忻喜並其有邦厥鄰乃曰徯我后后來無罰湯俱與鄰並有國鄰國人乃曰待我君來言忻戴君來無罰言仁惠徯胡啓反重意徯我后后來無罰仲虺之誥徯予后后來其蘇王懋乃德視乃厥祖無時豫怠言當勉修其德法視其祖而行之無爲是逸豫怠惰懋音茂奉先思孝接下思恭以念祖德爲孝以不驕慢爲恭視遠惟明聽德惟聰言當以明視遠以聰聽德重意視遠惟明聽德惟聰舜典明四目達四聰朕承王之休無斁王所行如此則我承王之美無厭斁音亦厭於豔反

太甲下第七　　商書　　孔氏傳

伊尹申誥于王曰。嗚呼。惟天無親。克敬惟親。（言天於人無有親疏惟親能敬身者）民罔常懷。懷于有仁。（民所歸無常以仁政爲常）[重意]（皇天無親克敬惟親民罔常懷懷于有仁蔡仲之命皇天無親惟德是輔民心無常惟惠之懷）鬼神無常享。享于克誠。（言鬼神不保一人能誠信者則享其祀）天位艱哉。（言居天子之位難以此三者）德惟治。否德亂。（爲政以德則治不以德則亂治直吏反注及下同）與治同道罔不興。與亂同事罔不亡。（言安危在所任治亂在所法）[重意]（與治同道罔不興二句詳見蔡仲之命）終始慎厥與。惟明明后。（明慎其所與治亂之幾則爲明王明君）先王惟時懋敬厥德。克配上帝。（言湯惟是終始所與之難勉修其德能配天而行之）今王嗣有令緒。尚監茲哉。（令善也繼祖善業當夙夜庶幾視祖此配天之德而法之若升高必自下若陟遐必自邇言善政有漸如登高升遠必用下近爲始然後終致高遠無輕民事惟難無輕爲力役之事必重難之乃可無安厥位惟危言當常自危懼以保其位愼終于始於始慮終於終思始有言逆于汝心必求諸道人以言咈違汝心必以道義求其意勿拒逆之咈扶弗反有言遜于汝志必求諸非道遜順也言順汝心必以非道察之勿以自藏嗚呼弗慮胡獲弗爲胡成一人元良萬邦以貞胡何貞正也言常念慮道德則得道德念爲善政則成善政一人天子天子有大善則天下得其正君罔以辯言亂舊政利口覆國家故特愼焉覆芳服反臣罔以寵利居成功成功不退其志無限故爲極以安之邦其永孚于休言君臣各以其道則國長信保於美

## 咸有一德第八　商書　孔氏傳

伊尹作咸有一德 言君臣皆有純一之德以戒太甲 咸有一德 即政之後恐其不一故以戒之 伊尹既復政厥辟 還政太甲 將告歸乃陳戒于德 告老歸邑陳德以戒 曰嗚呼。天難諶。命靡常 以其無常故難信○諶市林反

重言 天難諶二 後見君奭

常厥德。保厥位。厥德匪常。九有以亡 人能常其德則安其位九有諸侯桀不能常其德湯伐而兼之 夏王弗克庸德慢神虐民 言桀不能常其德不敬神明不恤下民 皇天弗保。監于萬方。啓迪有命 言天不安桀所爲廣視萬方有天命者開道之 眷求一德。俾作神主 天求一德使代桀爲天地神祇之主 惟尹躬暨湯咸有一德。克享天心。受天明命 享當也所征無敵謂之受天命

互註 記緇衣子曰爲上可望而知也爲下可述而志也則君不疑於其臣臣不惑於其君矣尹告曰惟尹躬及湯咸有一德注二君臣皆有一德不貳則無疑惑也

以有

九有之師。爰革夏正爰於也於得九有之衆遂伐夏勝之改其正非天私我有商惟天佑于一德非天私商而王之佑助一德所以王〔而王〕于況反下同或如字非商求于下民惟民歸于一德非商以力求民民自歸于一德惟一。動罔不吉。德二三。動罔不凶二三言不一惟吉凶不僭在人惟天降災祥在德行善則吉行惡則凶是不差德一天降之善不一天降之災是在德〔僭〕子念反今嗣王新服厥命惟新厥德其命王命新其德戒勿怠終始惟一。時乃日新言德行終始不衰殺是乃日新之義〔行〕下孟反〔殺〕色界反衰微也殺害也言小小害也〔重意〕時乃日新仲虺之誥德日新任官惟賢材。左右惟其人官賢材而任之非賢材不可任選左右必忠良不忠良非其人〔重意〕任官惟賢材武成建官惟賢。左右惟其人周官官不必備惟其人臣爲上爲德。爲下爲民言臣奉上布德順下訓民不可官所私任非其人（爲）上于僞反下爲民同爲德如字下爲下同餘皆于僞反其難其愼。惟和惟一。（其難無以爲易其愼無以輕之羣臣當和一心以事君政乃善（易）以豉反）【重意】惟和惟一禹謨惟精惟一

德無常師。主善爲師。（德非一方以善爲主乃可師）善無常主。協于克一。（言以合於能一爲常德）俾萬姓咸曰。大哉王言。（一德之言故曰）

大

又曰一哉王心。（能一德則一心）克綏先王之祿。永底烝民之生。（言爲王而令萬姓如此則能保安先王之寵祿長致衆民所以自生之道是明王之事（烝）之承反）嗚呼。七世之廟。可以觀德。（天子立七廟有德之王則爲祖宗其廟不毀故可觀德）萬夫之長。可以觀政。（能整齊萬夫其政可知（長）丁丈反）后非民罔使。民非后罔事。（君以使民自尊民以事君自生）【重意】后非民罔使民非后罔事見大禹謨太甲 無自廣以狹人。匹夫匹婦。不獲自盡。民主罔與成厥

功 上有狹人之心則下無所自盡矣言先盡其心然後乃能盡其力人君所以成功狹戶夾反盡徐子忍反注同 沃丁既葬伊尹于亳 沃丁太甲子伊尹既致仕老終以三公禮葬沃烏毒反徐於毒反 咎單遂訓伊尹事 訓暢其所行功德之事 作沃丁 咎單忠臣名作此篇以戒也亡

伊陟相太戊 伊陟伊尹子太戊沃丁弟之子陟張力反相息亮反太戊馬云太甲子 亳有祥。桑穀共生于朝 祥妖怪二木合生七日大拱不恭之罰桑蘇藏反穀工木反楮也朝直遥反 伊陟贊于巫咸作咸乂四篇 贊告也巫咸臣名皆亡巫咸馬云巫男巫也名咸殷之巫也

太戊贊于伊陟 告以改過自新 作伊陟原命 原臣名原命與陟二篇皆亡

仲丁遷于囂 太戊子去亳囂地名囂五羔反 作仲丁 陳遷都之義亡

河亶甲居相 仲丁弟相地名在河北亶丁但反相息亮反今魏郡有相縣 作河亶甲 亡

祖乙圮于耿 亶甲子圮於相遷於耿河水所毀曰圮圮備美反徐扶鄙反馬云圮毀也 作祖乙 亡

# 監本纂圖重言重意互註尚書卷第五



商書　孔氏傳

## 盤庚上第九

盤庚五遷將治亳殷自湯至盤庚凡五遷都盤庚治亳殷盤本又作般步干反〔治〕直吏反
民咨胥怨胥相也民不欲徙乃咨嗟憂愁相與怨上〔胥〕徐思餘反〔怨〕紆萬反作盤庚三
篇盤庚盤庚殷王名殷質以名篇馬云祖乙曾孫祖丁之子不言盤庚誥何非但録其誥也取其徙而立功故以
盤庚名篇盤庚遷于殷亳之別名民不適有居適之也不欲之殷有邑居率
籲衆慼出矢言籲和也率和衆憂之人出正直之言〔籲〕音喻〔慼〕千歷反曰我王來
既爰宅于茲我王祖乙居耿爰於也言祖乙已居於此重我民無盡劉〔劉〕殺
也所以遷此重我民無欲盡殺故〔盡〕子忍反不能胥匡以生卜稽曰其如
台言民不能相匡以生則當卜考于龜以從曰其如我所行〔稽〕工兮反〔台〕音怡〔重言〕其如台二本篇高宗肜日

## 盤庚上

〔重意〕卜稽曰其如台湯誓夏罪其如台高宗肜日乃曰其如台西伯戡黎今王其如台　先王有服。

恪謹天命。茲猶不常寧先王有所服行敬謹天命如此尚不常安有可遷輒遷〔恪〕苦各

反　不常厥邑。于今五邦湯遷亳仲丁遷囂河亶甲居相祖乙居耿我往居亳凡五徙國

都〔馬〕云五邦謂商丘亳囂相耿也　今不承于古。罔知天之斷命今不承古

而徙是無知天將斷絕汝命〔斷〕又音短　矧曰。其克從先王之烈。天將絕命尚無知之

凡能從先王之業乎〔從〕才容反　若顛木之有由蘖言今往遷都更求昌盛如顛仆之木有用

生蘖哉〔蘖〕五達反本又作枿馬云顛木而肆生曰枿〔仆〕音赴又步北反　天其永我命于茲

新邑。言天其長我命於此新邑不可不從　紹復先王之大業。底綏四方

言我徙欲如此〔底〕之履反〔重意〕底綏四方泰誓寵綏四方　盤庚斅于民。由乃在位

以常舊服。正法度斅教也教人使用汝在位之命用常故事正其法度〔斅〕戶教反下如字〔度〕

如字曰無或敢伏小人之攸箴言無有敢伏絕小人之所欲箴規上者戒朝臣箴音之林反馬云諫也朝直遥反王命衆悉至于庭衆羣臣以下王若曰格

汝衆予告汝訓告汝以法教汝猷黜乃心無傲從康謀退汝違上之心無傲慢從心所安傲鄭五報反古我先王亦惟圖任舊人共

政先王謀任久老成人共治其政任而鴆反（重言）古我先王三本篇二盤庚下篇一（重意）亦惟圖任舊人共政大誥爾惟舊人王播告之修不匿厥指王布告人以所修之政不匿其指播波餓反匿女力反

王用丕欽罔有逸言民用丕變王用大敬其政教無有逸豫之言民用大變從化今汝聒聒起信險膚予弗知乃所訟聒聒無知之貌起信險僞膚受之言我不知汝所訟言何謂聒故活反馬及說文皆云拒善自用之意非予自

荒茲德惟汝含德不惕予一人予若觀火我之欲徙非廢

此德汝不從我命所含惡德但不畏懼我耳我視汝情如視火(惕)他歷反予亦拙謀作乃逸
逸過也我不威脅汝徙是我拙謀成汝過(拙)之劣反若網在綱有條而不紊若
農服田力穡乃亦有秋紊亂也穡耕稼也下之順上當如網在綱各有條理而不亂也
農勤穡則有秋下承上則有福(紊)音問徐音文汝克黜乃心施實德于民至
于婚友丕乃敢大言汝有積德汝羣臣能退汝違上之心施實德於民至
于婚姻僚友則我大乃敢言汝有積德之臣乃不畏戎毒于遠邇惰農自
安不昬作勞不服田畝越其罔有黍稷我大昬強越於也言
不欲徙則是不畏大毒於遠近如怠惰之農苟自安逸不強作勞於田畝則黍稷無所有(昬)馬同本或作暋音敏爾雅昬暋皆
訓強故兩存(越)本又作粵音曰于也(強)其丈反汝不和吉言于百姓惟汝自
生毒責公卿不能和喻百官是自生毒害乃敗禍姦宄以自災于厥身

言汝不相率共徙是爲敗禍姦宄以自災之道〔宄〕音軌乃既先惡于民。乃奉其恫羣臣不欲徙是先惡於民恫痛也不徙則禍毒在汝身徙奉持所痛而悔之則於身無所汝悔身何及及〔奉〕孚勇反注同〔恫〕勑動反又音通痛也相時憸民。猶胥顧于箴言。其發有逸口。矧予制乃短長之命言憸利小民尚相顧於箴誨恐其發動有過口之患況我制汝死生之命而汝不相教從我是不若小民〔相時〕上息亮反馬云視也徐息羊反〔憸〕息廉反馬云憸利小小見事之人也徐七漸反汝曷弗告朕。而胥動以浮言。恐沈于衆。曷何也責其不以情告上而相恐動以浮言不徙恐汝沈溺於衆有禍害〔曷〕何末反若火之燎于原。不可嚮邇。其猶可撲滅火炎不可嚮近尚可撲滅浮言不可信用尚可刑戮絕之〔燎〕力召反又力鳥反又力紹反〔嚮〕許亮反〔撲〕普卜反〔近〕附近之近〔互註〕左莊十四年秋七月楚入蔡君子曰商書所謂惡之易也如火之燎于原不可嚮邇其猶可撲滅者其如蔡哀侯乎則惟汝衆。自作弗靖。非

予有咎我刑戮汝非我咎也靖謀也是汝自爲非謀所致【馬云】靖安也遲任有言曰人
惟求舊器非求舊惟新遲任古賢言人貴舊器貴新汝不從是不貴舊【遲】直疑反徐待
夷反【任】而今反馬云古老成人古我先王曁乃祖乃父胥及逸勤予
敢動用非罰言古之君臣相與同勞逸子孫所宜法之我豈敢動用非常之罰脅汝乎【重言】古我
先王三本篇二盤庚下一世選爾勞予不掩爾善選數也言我世世數汝功勤不
掩蔽汝善是我忠於汝【選】息轉反又思管反【掩】本又作弇【數】色主反茲予大享于先王爾
祖其從與享之古者天子錄功臣配食於廟大享烝嘗也所以不掩汝善【與】音預【烝】之承反作
福作災予亦不敢動用非德善自作福惡自作災我不敢動用非罰加汝非
德賞汝乎從汝善惡而報之予告汝于難若射之有志告汝行事之難當如
射之有所準志必中所志乃善【射】食夜反【準】音准【中】丁仲反汝無侮老成人無弱孤

有幼不用老成人之言是侮老之不徙則孤幼受害是弱易之 侮亡甫反 易以豉反 各長于厥
居。勉出乃力聽予一人之作猷 盤庚勑臣下各思長於其居勉盡心出力
聽從遷徙之謀 長丁丈反 無有遠邇用罪伐厥死用德彰厥善。
言遠近待之如一罪以懲之使勿犯伐去其死道德以明之使勸慕競爲善 去起呂反 重言 無有遠邇二 本篇亦契
邦之臧。惟汝衆 有善則衆臣之功 臧徐子郎反 邦之不臧惟予一人
有佚罰 佚失也是已失政之罰罪已之義 佚音逸 凡爾衆其惟致告 致我誠告汝衆
自今至于後日各恭爾事。齊乃位度乃口 奉其職事
正齊其位以法度居汝口勿浮言 度徐如字亦作渡 罰及爾身弗可悔 不從我謀罰及汝身
雖悔可及乎

盤庚中第十　商書　孔氏傳

盤庚作，惟涉河以民遷，為此南渡河之法用民徙乃話民之弗率，誕告用亶其有衆。話善言民不循教發善言大告用誠於衆〔話〕胡快反馬云告也言也〔誕〕徐音但〔亶〕丁但反馬本作單音同誠也咸造勿褻在王庭，造至也衆皆至王庭無褻慢〔造〕十報反注同馬在早反云為也〔褻〕息列反盤庚乃登進厥民。升進命使前曰：明聽朕言，無荒失朕命。荒廢〔重意〕明聽朕言湯誓悉聽朕言泰誓咸聽朕言呂刑皆聽朕言嗚呼！古我前后，罔不惟民之承，言我先世賢君無不承安民而恤之〔重意〕古我前后本篇古我先后上篇下篇古我先王保后胥慼，鮮以不浮于天時。民亦安君之政相與憂行君令浮行也少以不行於天時者言皆行天時〔鮮〕息淺反殷降大虐，我殷家於天降大災則先王不思故居而行徙先王不懷，厥攸作，視民利用遷。其所為視民有利則用徙汝曷弗念我古后之聞？古后先王之聞謂遷事〔曷〕

何末反下同承汝俾汝惟喜康共非汝有咎比于罰今我法先王惟民之承故承汝使汝徙惟與汝共喜安非謂汝有惡徙汝令比近於殃罰俾必爾反咎其九反比毗志反徐扶志反注及下同共羣用反令力呈反近附近之近予若籲懷茲新邑亦惟汝故以丕從厥志言我順和懷此新邑欲利汝衆故大從其志而徙之籲羊戍反今予將試以汝遷安定厥邦試用重言今予將試以汝遷二並本篇汝不憂朕心之攸困所困不順上命乃咸大不宣乃心欽念以忱動予一人汝皆大不布腹心敬念以誠感動我是汝不盡忠忱市林反爾惟自鞠自苦鞠窮也言汝爲臣不忠自取窮苦鞠居六反若乘舟汝弗濟臭厥載言不從之譬如舟在水中流不渡臭敗其所載物臭尺售反徐尺售反載如字又在代反爾忱不屬惟胥以沈不其或稽自怒曷瘳汝忠誠不屬逮古苟不欲徙相與沈溺不考之先王禍至自怒

何瘳瘥乎（屬）音燭注同馬云獨也沈直林反（瘳）勑留反汝不謀長以思乃災汝誕勸憂汝不謀長久之計思汝不從之災苟不欲徙是大勸憂之道今其有今罔後汝何生在上言不徙無後計汝何得久生在人上禍將及汝今予命汝一無起穢以自臭我一心命汝汝違我是自臭敗（穢）於廢反恐人倚乃身迂乃心言汝既不欲徙又爲他人所誤倚曲迂僻（倚）於綺反徐於奇反（迂）音于（僻）匹亦反予迓續乃命于天予豈汝威用奉畜汝衆（迓）迎也言我徙欲迎續汝命于天豈以威脅汝乎用奉畜養汝衆（迓）五嫁反（畜）許竹反下同（脅）虛業反予念我先神后之勞爾先予丕克羞爾用懷爾然言我亦法湯大能進勞汝以義懷汝心而汝違我是汝反先人（勞）力報反又如字注同失于政陳于茲高后丕乃崇降罪疾曰曷虐朕民崇重也今既失政而陳久於此而不徙湯必大重下罪疾於我曰何爲虐我民而不

徙乎〔重〕直勇反又直恭反汝萬民乃不生生暨予一人猷同心不進進謀同心從先后丕降與汝罪疾。曰曷不暨朕幼孫有比。言非但罪我亦將罪汝幼孫盤庚自謂比同心故有爽德。自上其罰汝汝罔能迪湯有明德在天見汝情下罰汝汝無能道言無辭古我先后既勞乃祖乃父勞之共治人〔重意〕古我先后篇首古我前后汝共作我畜民。汝有戕則在乃心戕殘也汝共我治民有殘人之心而不欲徙是反父祖之行〔戕〕在良反又七良反〔行〕下孟反我先。后綏乃祖乃父。乃祖乃父乃斷棄汝。不救乃死言我先王安汝父祖之忠今汝不忠汝父祖必斷絕棄汝命不救汝死〔斷〕丁緩反〔重意〕乃祖乃父君牙惟乃祖乃父茲予有亂政同位具乃貝玉亂治也此我有治政之臣同位於父祖不念盡忠但念貝玉而已言其貪〔治〕直吏反〔盡〕子忍反乃祖乃父。丕乃告我

高后曰。作丕刑于朕孫言汝父祖見汝貪而不忠必大乃告湯曰作大刑於我子孫求

討不忠之罪〔乃告〕工號反我高后本又作乃祖乃父迪高后。丕乃崇降弗祥言汝

父祖開道湯大重下不善以罰汝陳忠孝之義以督之嗚呼。今予告汝不易凡所言皆

不易之事〔易〕以豉反注同永敬大恤。無胥絶遠長敬我言大憂行之無相與絶遠棄廢之

〔遠〕于萬反又如字注同汝分猷念以相從。各設中于乃心羣臣

當分明相與謀念和以相從各設中正於汝心〔汝分〕扶問反又如字注同乃有不吉不迪不善不道

謂凶人顛越不恭暫遇姦宄顛隕越墜也不恭不奉上命暫遇人而劫奪之爲姦於外

爲宄於内〔隕〕于敏反我乃劓殄滅之。無遺育。無俾易種于茲

新邑劓割育長也言不吉之人當割絶滅之無遺長其類無使易種於此新邑〔劓〕魚器反徐五氣反〔殄〕徒典反〔易〕如

字又以豉反注同〔長〕丁丈反下遺長同【互註】左哀十一年吳將伐齊越子率其衆以朝焉子胥諫曰越在我心腹之疾

也壞地同而有欲於我夫其柔服求儕其欲也不如早從事焉得志於齊猶獲石田也無所用之越不爲沼吳其泯矣使醫除疾而曰不遺類焉者未之有也盤庚之誥曰其有顛越不共則劓殄無遺育無俾易種于兹新邑是商所以興也今君易之將以求大不亦難乎弗聽

往哉生生。今予將試以汝遷。永建乃家

自今已往進進於善我用以汝徙長立汝家卿大夫稱家 重言 往哉七舜典二一本篇微子之命康誥畢命文侯之命各一。○今予將試以汝遷二一並本篇

盤庚下第十一　商書　孔氏傳

盤庚既遷。奠厥攸居。乃正厥位

定其所居正郊廟朝社之位 奠田薦反 朝直遥反

綏爰有衆曰。無戲怠。懋建大命

安於有衆戒無戲怠勉立大教

今予其敷心腹腎腸。歷告爾百姓于朕志

布心腹言輸誠於百官以告志 腎時忍反 腸徐持良反

罔罪爾衆。爾無共怒。協比讒

言予一人（羣臣前有此過故禁其後今我不罪汝汝勿共怒我合比凶人而妄言〔比〕毗志反〔讒〕仕咸反）古我先王將多于前功（言以遷徙多大前人之功美）〔重意〕（古我先王上篇古我前后又古我先后）適于山用降我凶德嘉績于朕邦（徙必依山之險無城郭之勞下去凶惡之德立善功於我國〔降〕工巷反徐下江反〔去〕羌呂反）今我民用蕩析離居罔有定極（水泉沈溺故蕩析離居無安定之極徙以爲之極〔析〕先歷反注同）〔重言〕（今我民又西伯戡黎）爾謂朕曷震動萬民以遷（言皆不明己本心）肆上帝將復我高祖之德亂越我家（以徙故天將復湯德治理於我家〔治〕直吏反）朕及篤敬恭承民命用永地于新邑（言我當與厚敬之臣奉承民命用長居新邑）肆予沖人非廢厥謀弔由靈（沖童童人謙也弔至靈善也非廢謂動謀於衆至用其善〔弔〕音的或如字）〔重言〕（肆予沖人重見大誥）各非敢違卜用宏茲賁

宏賁皆大也君臣用謀不敢違卜用大此遷都大業賁扶云反 鳴呼邦伯師長百執事

之人尚皆隱哉 國伯二伯及州牧也衆長公卿也言當庶幾相隱括共為善政長丁丈反注同 予

其懋簡相爾念敬我衆 簡大相助也勉大助汝念敬我衆民相息亮反 朕不

肩好貨敢恭生生鞠人謀人之保居敘欽 肩任也我不任

貪貨之人敢奉用進進於善者人之窮困能謀安其居者則我式敘而敬之好呼報反任而林反 今我既羞

告爾于朕志若否罔有弗欽 已進告汝之後順於汝心與否當以情告我無敢有

不敬告故報反 重意 罔有弗欽罔命罔有不欽 無總于貨寶生生自庸 無總貨寶

以求位當進進皆自用功德 式敷民德永肩一心 用布示民必以德義長任一心以事君

## 說命上第十二　商書　孔氏傳

高宗夢得說 盤庚弟小乙子名武丁德高可尊故號高宗夢得賢相其名曰說說本又作兊音悅注及

下篇同(相)息亮反下同使百工營求諸野。得諸傅巖。使百官以所夢之形象經營求之於外野得之於傅巖之谿作說命三篇命說爲相使攝政說命始求得而命之

王宅憂亮陰三祀陰默也居憂信默三年不言(亮)本又作諒如字又力章反既免喪其惟弗言除喪猶不言政(互註)記喪服四制書曰高宗諒闇三年不言善之也王者莫不行此禮何以獨善之也曰高宗者武丁武丁者殷之賢王也繼世即位而慈良於喪當此之時殷衰而復興禮廢而復起故善之善之故載之書中而高之故謂之高宗三年之喪君不言書云高宗諒闇三年不言此之謂也羣臣咸諫于王曰。嗚呼。知之曰明哲。明哲實作則知事則爲明智明智則能制作法則(哲)本又作喆天子惟君萬邦。百官承式天下所令百官仰法(重意)天子惟君萬邦五子之歌萬邦之君王言惟作命。不言臣下罔攸稟令稟受令亦命也王庸作書以誥曰。以台正于四方、

台恐德弗類。茲故弗言因臣下怪之故作誥類善也我正四方恐德不善此故不言（誥）故報反（台）音怡恭默思道。夢帝賚予良弼。其代予言夢天與我輔弼良佐將代我言政教（賚）力代反徐音來乃審厥象。俾以形旁求于天下審所夢之人刻其形象以四方旁求之於民間（俾）必爾反說築傅巖之野。惟肖傅氏之巖在虞虢之界通道所經有澗水壞道常使胥靡刑人築護此道說賢而隱代胥靡築之以供食肖似似所夢之形（肖）音笑（虢）寡白反（壞）音怪（供）音恭爰立作相。王置諸其左右於是禮命立以爲相使在左右命之曰。朝夕納誨。以輔台德言當納諫誨直辭以輔我德（朝）張遙反（重意）朝夕納誨舜典夙夜出納朕命若金。用汝作礪鐵須礪以成利（礪）力世反若濟巨川。用汝作舟楫度大水待舟楫（楫）音接徐音集若歲大旱。用汝作霖雨霖三日雨霖以救旱啓乃心。沃朕心。若藥弗瞑

卷五

眩。厥疾弗瘳。開汝心以沃我心如服藥必瞑眩極其病乃除欲其出切言以自警（瞑）莫遍反（眩）玄遍反徐又呼縣反瞑眩困極也（瘳）勑留反（警）音景

若跣弗視地。厥足用傷。跣必視地足乃無害言欲使爲己視聽（跣）先典反徐七顯反（爲）于僞反

惟暨乃僚罔不同心。以匡乃辟。與汝並官皆當倡率無不同心以匡正汝君（辟）必亦反

俾率先王。迪我高后。以康兆民。言匡正汝君使循先王之道蹈成湯之蹤以安天下 （重意）以康兆民 武成 以濟兆民

嗚呼。欽予時命。其惟有終。敬我是命修其職使有終

說復于王曰。惟木從繩則正。后從諫則聖。言木以繩直君以諫明

后克聖。臣不命其承。君能受諫則臣不待命其承意而諫之

疇敢不祗若王之休命。言王如此誰敢不敬順王之美命而諫者乎 （重意）疇敢不祗若王之休命 下篇 對揚天子之休命

# 說命中第十三 商書 孔氏傳

惟説命總百官在冢宰之任總音摠【重意】總百官周官統百官乃進于王

曰嗚呼明王奉若天道建邦設都天有日月北斗五星二十八宿皆有尊卑相正之法言明王奉順此道以立國設都宿音秀【重意】奉若天道仲虺之誥奉若天命○建邦設都武成建邦啓土

樹后王君公承以大夫師長言立君臣上下將陳為治之本故先舉其始王于方反長丁丈反治直吏反下同不惟逸豫惟以亂民不使有位者逸豫民上言立之主使治民豫羊慮反

惟天聰明惟聖時憲惟臣欽若惟民從乂憲法也言聖王法天以立教臣敬順而奉之民以從上為治從才容反【重意】惟天聰明惟聖時憲仲虺之誥惟天生聰明時乂

惟口起羞惟甲冑起戎甲鎧冑兜鍪也言不可輕教令易用兵冑直又反鎧苦代反兜丁侯反鍪莫侯反易以豉反

惟衣裳在笥惟干戈省厥躬言服不可加非其人兵不可任非其才笥息嗣反省息井反一本作眚【互註】記緇衣兌命曰惟口起羞

惟甲冑起兵惟衣裳在笥惟干戈省厥躬注云惟口起辱當慎言語也惟甲冑起兵當慎軍旅之事也惟衣裳在笥當服以爲
禮也惟干戈省厥躬當恕己不尚害人也王惟戒茲。允茲克明。乃罔不休
言王戒慎此四惟之事信能明政乃無不美惟治亂在庶官言所官得人則治失人則亂
官不及私昵。惟其能不加私昵惟能是官（昵）女乙反爵罔及惡德。
惟其賢言非賢不爵慮善以動。動惟厥時非善非時不可動有
其善。喪厥善。矜其能。喪厥功雖天子亦必讓以得之（喪）息浪反惟
事事乃其有備。有備無患事事非一事無啓寵納侮
開寵非其人則納侮之道無恥過作非恥過誤而文之遂成大非惟厥攸居。政
事惟醇其所居行皆如所言則王之政事醇粹（醇）音純（粹）雖遂反黷于祭祀時謂弗
欽。禮煩則亂。事神則難祭不欲數（數）數則黷黷則不敬事神禮煩則亂而難行高宗之祀

特豐數近廟故說因以戒之䵝徒木反數色角反 王曰旨哉說乃言惟服（旨美也美其所言皆可服行）乃不良于言予罔聞于行（汝若不善於所言則我無聞於所行之事）說拜稽首曰非知之艱行之惟艱（言知之易行之難以勉高宗）[重言]說拜稽首二又見下篇 王忱不艱允協于先王成德（王心誠不以行之爲難則信合於先王成德[忱]市林反）惟說不言有厥咎（王能行善而說不言則有其咎罪）

說命下第十四　商書　孔氏傳

王曰來汝說台小子舊學于甘盤（學先王之道甘盤殷賢臣有道德者[台]音怡）既乃遯于荒野入宅于河（既學而中廢業遯居田野河洲也其父欲使高宗知民之艱苦故使居民間[遯]徒頓反）自河徂亳暨厥終罔顯（自河往居亳與

今其終故遂無顯明之德爾惟訓于朕志言汝當教訓於我使我志通達若作酒醴爾惟麴糱酒醴須麴糱以成亦言我須汝以成〔麴〕起六反〔糱〕魚列反若作和羹爾惟鹽梅鹽鹹梅醋羹須鹹醋以和之〔羹〕音庚一音衡〔鹽〕余廉反〔梅〕亦作楳〔醋〕七故反〔和〕如字又胡臥反爾交修予罔予棄予惟克邁乃訓交非一之義邁行也言我能行汝教說曰王人求多聞時惟建事學于古訓乃有獲王者求多聞以立事學於古訓乃有所得事不師古以克永世匪說攸聞事不法古訓而以能長世非說所聞言無是道惟學遜志務時敏厥修乃來學以順志務是敏疾其德之修乃來〔互注〕記學記夫然故安其學而親其師樂其友而信其道是以雖離師輔而不反也兌命曰敬孫務時敏厥修乃來其此之謂乎允懷于茲道積于厥躬信懷此學志則道積於其身惟斅學半念終始典于學厥德修罔覺斅教

也敎然後知所困是學之半終始常念學則其德之修無能自覺斅戶敎反【互註】記檀弓古之君子擧大事必愼其終始而衆安得不踰焉兌命曰念終始典于學又學記古之王者建國君民敎學爲先兌命曰念終始典于學其此之謂乎又學然後知不足敎然後知困知不足然後能自反也知困然後能自強也故曰敎學相長也兌命曰學學半其此之謂乎

監于先王成憲。其永無愆。愆過也視先王成法其長無過其惟學乎愆起虔反惟說式克欽承。旁招俊乂。列于庶位。言王能志學說亦用能敬承王志廣招俊乂使列衆官俊本又作畯【重意】旁招俊乂太甲上旁求俊彥王曰。嗚呼。說。四海之內。咸仰朕德。時乃風。風敎也使天下皆仰我德是汝敎仰如字徐五亮反股肱惟人。良臣惟聖。手足具乃成人有良臣乃成聖昔先正保衡。作我先王。保衡伊尹也作起正長也言先世長官之臣長丁丈反下同乃曰。予弗克俾厥后惟堯舜。其心愧恥。若撻于市。言伊尹不能使其君如堯舜則恥之若見撻于市故成其能俾〔俾〕必爾反〔撻〕他達反一夫不獲則曰時予之辜伊尹見一夫不得其所則以爲己罪佑我烈祖格于皇天言以此道左右成湯功至于天無能及者〔重言〕格于皇天二本篇君奭爾尚明保予罔俾阿衡專美有商汝庶幾明安我事則與伊尹同美〔同〕烏何反惟后非賢不乂惟賢非后不食言君須賢治賢須君食〔治〕直吏反〔重意〕惟后非賢不乂惟賢非后不食太甲中民非后罔克胥匡以生后非民罔以辟四方其爾克紹乃辟于先王永綏民能繼汝君於先王長安民則汝亦有保衡之功〔辟〕必亦反說拜稽首曰敢對揚天子之休命對荅也荅受美命而稱揚之〔重言〕說拜稽首二前篇本篇〔重意〕敢對揚天子之休命上篇敢不祗若王之休命

## 高宗肜日第十五　商書　孔氏傳

高宗祭成湯有飛雉升鼎耳而雊耳不聰之異雊鳴〔雊〕工豆反

祖己訓諸王賢臣也以訓道諫王己音紀作高宗肜日。高宗之
訓所以訓也肜音融高宗肜日祭之明日又祭殷曰肜周曰繹繹音亦字書作襗爾雅云又祭也周曰繹商曰肜夏曰復胙高宗肜日。越有雊雉於肜日有雊雉異祖己曰。
惟先格王。正厥事言至道之王遭變異正其事而異自消乃訓于王
曰惟天監下民。典厥義祖己既言遂以道訓諫王言天視下民以義為常降
年有永有不永。非天夭民。民中絕命言天之下年與民有義者長無義者不長非夭欲夭民民自不修義以致絕命中丁仲反又如字民有不若德。不聽
罪。天既孚命正厥德不順德言無義不服罪不改修天已信命正其德謂有永有不永
乃曰其如台祖己恐王未受其言故乃復曰天道其如我所言台音怡復扶又反重言其如台四
湯誓盤庚本篇西伯戡黎嗚呼。王司敬民。罔非天胤。典祀無豐

卷五　十三

于昵胤嗣昵近也歎以感王入其言王者主民當敬民事民事無非天所嗣常也祭祀有常不當特豐於近廟欲王因異服罪改修之○豐芳弓反○昵女乙反尸子云不避遠昵昵近也又乃禮反馬云昵考也謂禰廟也

# 西伯戡黎第十六　商書　孔氏傳

殷始咎周咎惡○咎其九反馬云咎周者爲周所咎周人乘黎乘勝也所以見惡○黎力兮反國名尚書大傳作耆祖伊恐祖己後賢臣奔告于受受紂也告相亂帝乙之子嗣立暴虐無道○受如字傳云受紂也又馬本一云受當讀曰紂或曰受婦人之言故號曰受也作西伯戡黎戡亦勝也伯亦作柏○戡音堪說文作𢦏云殺也以此戡訓刺音竹甚反○勝詩證反

西伯戡黎。西伯既戡黎近王圻之諸侯在上黨東北○近附近之近○圻巨依反祖伊恐。奔告于王曰。天子。天既訖我殷命文王率諸侯以事紂貌雖事紂內秉王心布德行威有將王之意紂不能制日益強大今又克有黎國迫近王圻似有天助之力故知天已畢訖殷之王命言殷祚至此而畢將欲化爲周王○王于況反

下注宜王者同格人元龜罔敢知吉至人以人事觀殷大龜以神靈考之皆無知吉非
先王不相我後人惟王淫戲用自絕非先祖不助子孫以王淫
過戲怠用自絕於先王相息亮反故天棄我不有康食不虞天性不
迪率典以紂自絕於先王故天亦棄之宗廟不有安食於天下而王不度知天性命所在而所行不蹈循常法言
多罪度待洛反今我民罔弗欲喪曰天曷不降威大命不
摯今王其如台摯至也民無不欲王之亡言天何不下罪誅之有大命宜王者何以不至王之
凶害其如我所言摯音至本又作贄重言今我民二盤庚下本篇○其如台二盤庚上高宗肜日王曰嗚
呼我生不有命在天言我生有壽命在天民之所言豈能害我遂惡之辭祖伊
反曰嗚呼乃罪多參在上乃能責命于天反報紂也
言汝罪惡衆多參列於上天天誅罰汝汝能責命于天拒天誅乎參七南反馬云參字累在上殷之即喪

指乃功不無戮于爾邦言殷之就亡指汝功事所致汝不得無死戮於殷國必將滅亡立可待【重意】不無戮于爾邦牧誓其于爾躬有戮

# 微子第十七　商書　孔氏傳

殷既錯天命錯亂也【錯】七各反馬云廢也微子作誥父師少師告二師而去紂【少】詩照反微子微圻內國名子爵為紂卿士去無道微子若曰父師少師父師太師三公箕子也少師孤卿比干微子以紂距諫知其必亡順其事而言之殷其弗或亂正四方或有也言殷其不有治正四方之事將必亡【治】直吏反我祖底遂陳于上言湯致遂其功陳列於上世我用沈酗于酒用亂敗厥德于下我紂也沈湎酗營敗亂湯德於後世【沈】徐直金反没也【酗】況具反以酒為凶曰酗說文作酌云酒營【湎】面善反【營】音詠說文于命反酌酒也【重意】沈酗于酒二並本篇無逸酗于酒德哉殷罔不小大好草竊

姦宄草野竊盜又爲姦宄於內外〔好〕呼報反〔宄〕音軌〔重意〕好草竊姦宄舜典寇賊姦宄卿士師師非度凡有辜罪乃罔恒獲六卿典士相師效爲非法度皆有辜罪無秉常得中者〔度〕如字小民方興相爲敵讎卿士既亂而小人各起一方共爲敵讎言不和同〔讎〕市周反今殷其淪喪若涉大水其無津涯淪沒也言殷將沒亡如涉大水無涯際無所依就〔淪〕音倫徐力允反〔喪〕息浪反〔涯〕五佳反又宜佳反〔重意〕若涉大水大誥若涉淵水君奭若涉大川殷遂喪越至于今言〔遂〕喪亡於是至於今到不待久曰父師少師我其發出狂吾家耄遜于荒我念殷亡發疾生狂在家耄亂故欲遯出於荒野言愁悶〔出〕尺遂反〔耄〕一又作旄莫報反注同〔遜〕徒悶反徐徒頓反一音都困反今爾無指告予顛隮若之何其汝無指意告我殷邦顛隕隮墜如之何其救之〔隮〕子細反王篇子兮反切韻祖稽反〔隕〕于敏反父師若曰王子比干不見明心同省文微子帝乙元子故曰王子〔見〕賢遍反〔省〕

所景反

天毒降災荒殷邦，方興沈酗于酒。天生紂爲亂，是天毒下災，四方化紂沈湎，不可如何。

乃罔畏畏，咈其耇長舊有位人。言起沈湎，上不畏天災，下不畏賢人，違戾耇老之長、致仕之賢，不用其教，法紂故。〔咈〕扶勿反。〔耇〕工口反。〔長〕丁丈反，注同。

今殷民乃攘竊神祇之犧牷牲用，以容將食無災。自來而取曰攘，色純曰犧，體完曰牷，牛羊豕曰牲，器實曰用。盜天地宗廟牲用，相容行食之，無災罪之者，言政亂。〔攘〕如羊反，因來而取曰攘。竊，馬云：往盜曰竊。〔神祇〕天曰神，地曰祇。〔犧〕許宜反。〔牷〕音全。

降監殷民，用乂讎斂，召敵讎不怠。下視殷民所用治者，皆重賦傷民，斂聚怨讎之道，而又亟行暴虐，自召敵讎不懈怠。〔讎〕如字，下同。徐云：鄭音疇。馬本作稠，云：數也。〔斂〕力檢反，馬、鄭力豔反，謂賦斂也。徐云：鄭力劒反。〔治〕直吏反。〔亟〕欺忌反，數也。又紀力反，本又作極，如字，至也。〔懈〕佳賣反。

罪合于一，多瘠罔詔。言殷民上下有罪，皆合於一法，紂故使民多瘠病，而無詔救之者。〔瘠〕在益反。

商今其有災，我興受其敗。災滅

在近我起受其敗言宗室大臣義不忍去商其淪喪我罔爲臣僕詔王子出迪商其沒亡我二人無所爲臣僕欲以死諫紂我教王子出合於道【臣僕】一本無臣字我舊云刻子。王子弗出我乃顛隮刻病也我久知子賢言於帝乙欲立子帝乙不肯病子不得立則宜爲殷後者子今若不出逃難我殷家宗廟乃隕墜無主【舊】云馬云言也【刻】音克馬云侵刻也【隮】乃旦反自靖。人自獻于先王各自謀行其志人人自獻達于先王以不失道【靖】馬本作清謂潔也我不顧行遯言將與紂俱死所執各異皆歸於仁明君子之道出處語默非一途【顧】音故徐音鼓

監本纂圖重言重意互註尚書卷第五

# 監本纂圖重言重意互註尚書卷第六

泰誓上第一　周書　孔氏傳

惟十有一年武王伐殷周自虞芮質厥成諸侯並附以爲受命之年至九年而文王卒武王三年服畢觀兵孟津以卜諸侯伐紂之心諸侯僉同乃退以示弱〔芮〕如銳反虞芮二國名〔僉〕七廉反一月戊午。師渡孟津。十三年正月二十八日更與諸侯期而共伐紂〔孟津〕地名也作泰誓三篇渡津乃作泰誓大會以誓衆惟十有三年春。大會于孟津三分二諸侯及諸戎狄此周之孟春〔惟十有三年春〕或作十有一年後人妄看序文輒改之王曰。嗟我友邦冢君。越我御事庶士。明聽誓冢大御治也友諸侯親之稱大君尊之下及我治事衆士大小無不皆明聽誓〔重言〕嗟我友邦冢君二本篇牧誓惟天地萬物父母。惟人萬物之靈生之謂父母靈神也天地所生惟人爲貴亶聰明作元后。元后作民父母人誠聰明則爲大君而爲衆民父母【亶】丁但反【重意】元后作民父母供範天子作民父母今商王受弗敬上天。降災下民。沈湎冒色。敢行暴虐沈湎嗜酒冒亂女色敢行酷暴虐殺無辜【湎】面善反【冒】莫報反注同【嗜】市志反切韻常剎反【酷】苦毒反【重言】今商王受本篇中篇下篇牧誓武成罪人以族。官人以世一人有罪刑及父母兄弟妻子言淫濫官人不以賢才而以父兄所以政亂惟宮室臺榭陂池土高曰臺有木曰榭澤障曰陂停水曰池侈謂服飾過制言匱侈服。以殘害于爾萬姓民財力爲奢麗【榭】爾雅云有木曰榭本又作謝【陂】彼皮反【障】之亮反【匱】其媿反焚炙忠良。刳剔孕婦忠良無罪焚炙之懷子之婦刳剔視之言暴虐【刳】口胡反【剔】他歷反【孕】以證反徐養證反皇天震怒。命我文考。肅將天威。大勳未集。言天怒紂之惡命文王敬行天罰功業未成而崩【重意】皇天震怒洪範帝乃震怒。肅將天威君奭誕將天威肆予小子發。以爾

友邦冢君觀政于商父業未就之故故我與諸侯觀紂政之善惡謂十一年自孟津還時

重言 肆予小子發下篇肆予小子 惟受罔有悛心乃夷居弗事上帝神祇遺厥先宗廟弗祀悛改也言紂縱惡無改心平居無故廢天地百神宗廟之祀慢之甚 悛七全反 犧牲粢盛既于凶盜凶人盡盜食之而紂不罪 粢音咨黍稷曰粢盛音成在器曰盛 乃曰吾有民有命罔懲其侮紂言吾所以有兆民有天命故羣臣畏罪不爭無能止其慢心 懲直承反 爭爭鬬之爭 天佑下民作之君作之師言天佑助下民爲立君以政之爲立師以教之 爲于僞反 惟其克相上帝寵綏四方當能助天寵安天下 相息亮反 重意 寵綏四方盤庚民綏四方 有罪無罪予曷敢有越厥志越遠也言己志欲爲民除惡是與否不敢遠其志 否方有反 同力度德同德度義力鈞則有德者勝德鈞則秉義者強揆度優劣勝負可見 度徒洛反下注同 受有

臣億萬。惟億萬心人執異心不和諧(億)十萬曰億予有臣三千。惟一心三千一心言同欲商罪貫盈。天命誅之。予弗順天。厥罪惟鈞紂之爲惡一以貫之惡貫已滿天畢其命今不誅紂則爲逆天與紂同罪(貫)古亂反予小子夙夜祗懼。受命文考。類于上帝。宜于冢土。以爾有衆底天之罰祭社曰宜(冢土)社也言我畏天之威告文王廟以事類告天祭社用汝衆致天罰於紂(類)師祭也(冢)中勇反(底)之履反【重言】類于上帝本篇舜典【重意】以爾有衆底天之罰胤征今予以爾有衆奉將天罰湯誓爾尚輔予一人致天之罰下篇奉予一人恭行天罰天矜于民。民之所欲。天必從之矜憐也言天除惡樹善與民同(從)才容反爾尚弼予一人。永清四海穢惡除則四海長清【重意】爾尚弼予一人湯誓爾尚輔予一人微子之命毗予一人周官弼予一人時哉弗可失言今我伐紂正是天人合同之時不可違失

泰誓中第二　周書　孔氏傳

惟戊午。王次于河朔次止也戊午渡河而誓既誓而止於河之北羣后以師畢會諸侯盡會次也王乃徇師而誓曰。嗚呼。西土有衆。咸聽朕言徇循也武王在西故稱西土〔徇〕似俊反字詁云徇巡也〔重意〕咸聽朕言大禹謨咸聽朕命湯誓悉聽朕言盤庚明聽朕言呂刑皆聽朕言我聞吉人爲善。惟日不足。凶人爲不善。亦惟日不足。言吉人竭日以爲善凶人亦竭日以行惡〔竭〕苦曷反又苦蓋反今商王受力行無度行無法度竭日不足故曰力行〔重言〕今商王受五上篇本篇下篇牧誓武成播棄犂老。昵比罪人。鮐背之耉稱犂老布棄不禮敬昵近罪人謂天下逋逃之小人〔犂〕力私反又力兮反〔昵〕女乙反〔比〕毗志反〔鮐〕他來反又音怡魚名〔逋〕布吳反淫酗肆虐。臣下化之過酗縱虐以酒成惡臣下化之言罪同〔酗〕況付反朋家作仇。脅權相滅。

無辜籲天。穢德彰聞。（言下朋黨自爲仇怨脅上權命以相誅滅籲呼也民皆呼天告冤無辜紂之穢德彰聞天地言罪惡深（脅）虛業反（籲）音曰喻（穢）於廢反）惟天惠民，惟辟奉天。（言君天下者當奉天以愛民（辟）必亦反）有夏桀弗克若天。流毒下國。（桀不能順天流毒虐於下國萬民言凶害）天乃佑命成湯。降黜夏命。（言天助湯命使下退桀命）惟受罪浮于桀。（浮過）剝喪元良。賊虐諫輔。（剝傷害也賊殺也元善之長良善以諫輔紂紂反殺之（喪）息浪反（長）丁丈反）謂己有天命。謂敬不足行。謂祭無益。謂暴無傷。（言紂所以罪過於桀（己）音紀）厥監惟不遠。在彼夏王。（其視紂罪與桀同辜言必誅之）天其以予乂民。（用我治民當除惡）朕夢協朕卜。襲于休祥。戎商必克。（言我夢與卜俱合於美善以兵誅紂必克之占）受有億兆夷人。離心離德。（夷平凡人也雖多而執心用德）

不同**予有亂臣十人。同心同德**我治理之臣雖少而心德同【十人】周公旦召公奭太公望畢公榮公太顛閎夭散宜生南宮适及文母【适】直吏反【互註】左成二年君子曰衆之不可以已也大夫為政猶以衆克況明君而善用其衆乎泰誓所謂商兆民離周十人同者衆也。又昭二十四年召簡公南宮嚚以甘桓公見王子朝劉子謂萇弘曰甘氏又往矣對曰何害同德度義泰誓曰紂有億兆夷人亦有離德余有亂臣十人同心同德此周所以興也君其務德無患無人

**雖有周親。不如仁人**周至也言紂至親雖多不如周家之少仁人

**天視自我民視。天聽自我民聽**言天因民以視聽民所惡者天誅之【惡】烏路反一音如字【重意】天視自我民視天聽自我民聽皐陶謨天聰明自我民聰明

**百姓有過。在予一人**己能無惡于民民之有過在我教不至【重意】百姓有過在予一人湯誥萬方有罪在予一人

**今朕必往。我武惟揚。侵于之疆**揚舉也言我舉武事侵入紂郊疆伐之【疆】居良反【重言】今朕必往一湯誓一

**取彼凶殘。我伐用張。于湯有光**

桀流毒天下湯黜其命紂行凶殘之德我以兵取之伐惡之道張設比於湯又有光明勗哉夫子罔或無畏寧執非敵勗勉也夫子謂將士無敢有無畏之心寧執非敵之志伐之則克矣勗許玉反下同（將）子匠反下篇註同（重言）勗哉夫子三本篇一牧誓二百姓懍懍若崩厥角言民畏紂之虐危懼不安若崩摧其角無所容頭（懍）力甚反嗚呼乃一德一心立定厥功惟克永世汝同心立功則能長世以安民（重言）惟克永世說命以克永世

泰誓下第三　周書　孔氏傳

時厥明王乃大巡六師明誓衆士是其戊午明日師出以律三申令之重難之義衆士百夫長已上（令）力政反（重）直用反（長）丁丈反已上（已）音以（上）時掌反王曰嗚呼我西土君子天有顯道厥類惟彰言天有明道其義類惟明言王所宜法則今商王受狎侮五常荒怠弗敬輕狎五常之教侮慢不行大為怠惰

不敬天地神明惰徒卧反【重言】今商王受五上篇中篇本篇牧誓武成自絕于天。結怨于
民。不敬天自絕之酷虐民結怨之斮朝涉之脛。剖賢人之心。冬月見朝涉水
者謂其脛耐寒斬而視之比干忠諫謂其心異於人剖而觀之酷虐之甚斮側略反又士略反【朝】陟遥反【脛】戶定反【剖】普口反
【耐】乃代反作威殺戮。毒痡四海。痡病也言害所及遠【痡】徐音敷又普胡反崇信
姦回。放黜師保。回邪也姦邪之人反尊信之可法以安者反放退之【邪】似嗟反屏棄典
刑。囚奴正士。屏棄常法而不顧箕子正諫而以爲囚奴郊社不修。宗廟不
享。作奇技淫巧。以悅婦人。言紂發至尊之敬營卑褻惡事作過制技巧以恣耳目之
欲【技】其倚反褻息列反上帝弗順。祝降時喪。祝斷也天惡紂逆道斷絕其命故下是喪
亡之誅【喪】蘇浪反【斷】丁管反【惡】烏路反爾其孜孜。奉予一人。恭行天罰。
孜孜勤勉不怠【孜】音兹【重意】奉予一人恭行天罰見上篇古人有言曰。撫我則

后虐我則讎武王述古言以明義言非惟今惡紂重言古人有言曰四本篇牧誓酒誥泰誓獨夫受洪惟作威乃汝世讎言獨夫失君道也大作威殺無辜乃是汝累世之讎明不可不誅樹德務滋除惡務本。立德務滋長去惡務除本言紂為天下惡本肆予小子誕以爾眾士殄殲乃讎言欲行除惡之義絕盡紂紂殄徒典反殲子廉反重言肆予小子二又上篇爾眾士其尚迪果毅以登乃辟迪進也殺敵為果致果為毅登成也成汝君之功毅牛既反重言爾眾士三亂出二本篇一功多有厚賞不迪有顯戮賞以勸之戮以威之重意詳見其誓嗚呼惟我文考。若日月之照臨光于四方顯于西土稱父以感眾也言其明德充塞四方明著岐周重意光于四方呂刑灼于四方惟我有周誕受多方言文王德大故受眾方之國三分天下而有其二予克受非予武惟朕文考無罪推功於父言文王無罪於天下故天佑之人盡其用**受克予。非朕文考有罪。惟予小子無良。**若紂克我非我父罪我之無善之致〔互註〕記坊記善則稱親過則稱己則民作孝太誓曰予克紂非予武惟朕文考無罪紂克予非朕文考有罪惟予小子無良

## 牧誓第四　商書　孔氏傳

**武王戎車三百兩**兵車百夫長所載車稱兩一車步卒七十二人凡二萬一千人舉全數〔車〕音居釋名云古者聲如居所以居人也今曰車聲近舍車舍也韋昭辯釋名云古皆尺遮反後漢始有音居〔長〕丁丈反〔卒〕子忽反**虎賁三百人**勇士稱也若虎賁獸言其猛也皆百夫長〔賁〕音奔〔稱〕尺證反**與受戰于牧野。作牧誓。牧誓**至牧地而誓衆〔牧〕如字徐一音茂說文作坶二云地名在朝歌南七十里字林音母〔重意〕與受戰于牧野前見甘誓湯誓**時甲子昧爽**是克紂之月甲子之日二月四日昧冥爽明早旦〔昧〕音妹爽明也馬二云謂早旦也昧未旦也〔重言〕甲子昧爽二本篇武成**王朝至于商**

郊牧野。乃誓紂近郊三十里地名牧癸亥夜陳甲子朝誓將與紂戰(陳)直刃反王左杖黃鉞，右秉白旄以麾，曰：逖矣西土之人鉞以黃金飾斧左手杖鉞示無事於誅右手把旄示有事於教逖遠也遠矣西土之人勞苦之(杖)徐直亮反(鉞)音越本又作戉(旄)音毛馬云白旄旄牛尾(麾)許危反(逖)他歷反王曰：嗟我友邦冢君同志爲友言志同滅紂(重言)嗟我友邦冢君二泰誓上本篇御事司徒司馬司空治事三卿司徒主民司馬主兵司空主土指誓戰者亞旅師氏亞次旅衆也衆大夫其位次卿師氏大夫官以兵守門者(重言)司徒司馬司空亞旅三本篇立政梓材千夫長、百夫長師帥卒帥(帥)色類反下同及庸蜀羌髳微盧彭濮人八國皆蠻夷戎狄屬文王者國名羌在西蜀叟髳微在巴蜀盧彭在西北庸濮在江漢之南(羌)徐起良反說文云西戎牧羊人(髳)茂侯反(濮)音卜(叟)所求反又蘇走反稱爾戈，比爾干，立爾矛，予其誓稱舉也戈戟干楯也(比)徐扶志毗志二反(楯)食準反又音允王曰：古人

有言曰牝雞無晨言無晨鳴之道〔牝〕頻引反徐扶忍反〔重言〕古人有言曰西泰誓下本篇酒誥秦誓

牝雞之晨惟家之索索盡也喻婦人知外事雌代雄鳴則家盡婦奪夫政則國亡〔索〕西各反

今商王受惟婦言是用妲己惑紂紂信用之〔妲〕丹達反〔己〕音紀紂妻也〔重言〕今商王受五泰誓三篇本篇武成

昬棄厥肆祀弗荅昬亂肆陳荅當也亂棄其所陳祭祀不復當享鬼神〔復〕扶又反

昬棄厥遺王父母弟不迪王父母之昆弟母弟同母弟言棄其骨肉不接之以道

乃惟四方之多罪逋逃是崇是長言紂棄其賢臣而尊長逃亡罪人信用之

是信是使是以爲大夫卿士士事世用爲卿大夫典政事

俾暴虐于百姓以姦宄于商邑使四方罪人暴虐姦宄於都邑〔俾〕必爾反使也徐甫婢反下同〔宄〕音軌

今予發惟恭行天之罰

今日之事不愆于六步七步乃止齊焉今日戰事就敵不過

六步七步乃止相齊言當旅進一心（衍去虔反）【重言】今予發惟恭行天之罰一甘誓言無發字 夫子勗哉

不愆于四伐五伐六伐七伐乃止齊焉 夫子謂將士勉勵之

伐謂擊刺少則四五多則六七以爲列（勗許玉反刺七亦反） 勗哉夫子尚桓桓 桓桓武貌○

【重言】夫子勗哉三泰誓中一本篇二 如虎如貔如熊如羆于商郊 貔執

夷虎屬也四獸皆猛健欲使士衆法之奮擊於牧野（貔音毗羆彼皮反爾雅云羆如熊黃白文）【重意】如熊如羆康王之誥則亦有熊羆之士

弗迓克奔以役西土 商衆能奔來降者不迎擊之如此則所以役我西土之義（迓五嫁反馬作禦禁也馬云役爲也爲于僞反）

勗哉夫子爾所弗勗其于爾躬有戮 臨敵所安汝不勉則於汝身有戮矣【重意】其于爾躬有戮西伯戡黎不無戮于爾邦

## 武成第五　周書　孔氏傳

武王伐殷往伐歸獸 往誅紂克定偃武修文歸馬牛于華山桃林之牧地（獸舒始售反本

或作𠷎許𢽾反識其政事記識殷家政教善事以爲法作武成武功成文事修武
成文王受命有此武功成於克商惟一月壬辰旁死魄此本說始伐紂時一月周
之正月旁近也月二日近死魄〔旁〕步光反魄普白反說文作霸四華反云月始生魄然貌〔近〕附近之近越翼日
癸巳。王朝步自周。于征伐商翼明步行也武王以正月三日行自周往征伐
商二十八日渡孟津〔重言〕王朝步自周三本篇召誥畢命多宗字宋氏云此段當在第。厥四月哉
生明王來自商。至于豐其四月哉始也始生明月三日䠶死魄互言哉徐音載〔豐〕芳弓
反文王〔四〕四月哉生明康誥惟三月所都也〔重意〕哉生魄顧命惟四月哉生魄〔重言〕至于豐三本篇召誥畢命乃
偃武修文倒載干戈包以虎皮示不用行禮射設庠序修文教歸馬于華山之
陽。放牛于桃林之野。示天下弗服山南曰陽桃林在華山東皆非
長養牛馬之地欲使自生自死示天下不復乘用〔華〕胡化胡瓜二反華山在𢎞農長丁丈反〔復〕扶又反〔互註〕記樂記且

女獨未聞牧野之語乎武王克殷反商未及下車而封黄帝之後於薊封帝堯之後於祝封帝舜之後於陳下車而封夏后氏之後於杞封殷之後於宋封王子比干之墓釋箕子之囚使之行商容而復其位庶民弛政庶士倍祿濟河而西馬散之華山之陽而弗復乘牛散之桃林之野而弗復服車甲衅而藏之府庫而弗復用倒載干戈包之以虎皮將帥之士使為諸侯名之曰鞬櫜然後天下知武王之不復用兵也朱氏云此段當在第四

○丁未祀于周廟邦甸侯衛駿奔走執豆籩四月丁未祭告后稷以下文考文王以上七世之祖駿大也邦國甸侯衛服諸侯皆大奔走於廟執事駿荀後反豆本又作梪籩音邊上下時掌反

越三日庚戌柴望大告武成燔柴郊天望祀山川先祖後郊自近始燔音煩朱氏云此段當在第七

○既生魄庶邦冢君暨百工受命于周魄生明死十五日之後諸侯與百官受政命於周明一統暨其器反

王若曰嗚呼羣后順其祖業歎美之以告諸侯惟先王建邦啓土謂后稷也尊祖故稱先王公劉克篤前烈后稷曾孫公爵劉名

能厚先人之業至于大王肇基王迹。王季其勤王家大王修德以翦齊商人始王業之肇迹王季纘統其業乃勤立王家〔大〕音泰〔肇〕音兆〔王迹〕上于况反又如字注王業王功同我

文考文王。克成厥勳。誕膺天命。以撫方夏言我文德之父能成其王功大當天命以撫綏四方中夏大邦畏其力。小邦懷其德言天下諸侯大者畏威小者懷德是文王威德之大惟九年。大統未集言諸侯歸之九年而卒故大業未就予小子。其承厥志言承文王本意〔朱氏〕〔云〕此段當在第五○厎商

之罪。告于皇天后土所過名山大川致商之罪謂伐紂時后土社也名山華岳大川河〔厎〕之履反〔重意〕告于皇天后土前見湯誓曰。惟有道曾孫周

王發。將有大正于商告天地山川之辭大正以兵征之今商王受

無道無道德〔重言〕今商王受五連見前四篇暴殄天物。害虐烝民暴絕

天物言逆天也逆天害民所以爲無道〔烝〕之承反爲天下逋逃主萃淵藪逋亡
也天下罪人逃亡者而紂爲魁主窟聚淵府藪澤言大姦〔萃〕在醉反〔藪〕素口反〔魁〕苦回反〔窟〕口忽反〔互注〕左昭七年昔武
王數紂之罪以告諸侯曰紂爲天下逋逃主萃淵藪故夫致死焉予小子既獲仁人敢
祗承上帝以遏亂畧仁人謂太公周召之徒畧路也言誅紂敬承天意以絶亂路〔遏〕烏末
反〔召〕上照反本又作邵華夏蠻貊罔不率俾〔朱氏〕云此段當在第二。恭
天承命冕服采章曰華大國曰夏及四夷皆相率而使奉天成命〔貊〕亡伯反〔俾〕必爾反〔重言〕罔不率俾一本
篇君奭肆予東征綏厥士女比謂十一年會于孟津還時惟其士女。
篚厥玄黃昭我周王言東國士女筐篚盛其絲帛奉迎道次明我周王爲之除害〔篚〕音匪
〔爲〕于僞反天休震動用附我大邑周天之美應震動民心故用依附我〔應〕應對
之應〔朱氏〕曰此段當在第六。惟爾有神尚克相予以濟兆民無

作神羞。神庶幾助我渡民危害無爲神羞辱〔相〕息亮反〔重意〕以濟兆民說命以康兆民既戊午。

師逾孟津。癸亥。陳于商郊。俟天休命。自河至朝歌出四百里五

日而至赴敵宜速待天休命謂夜雨止畢陳〔逾〕亦作踰〔陳〕直刃反注同徐音塵甲子昧爽。受率

其旅若林。會于牧野。旅衆也如林言盛多會逆距戰〔重言〕甲子昧爽三牧誓本篇

罔有敵于我師。前徒倒戈。攻于後以北。血流漂

杵。紂衆服周仁政無有戰心前徒倒戈自攻其後以北走血流漂舂杵甚之言〔倒〕丁老反〔漂〕匹妙反徐敷妙反又匹消

反〔杵〕昌呂反一戎衣。天下大定。衣服也一著戎服而滅紂言與衆同心動有成功〔著〕張略反

乃反商政。政由舊。反紂惡政用商先王善政釋箕子囚。封比

干墓。式商容閭。皆武王反紂政囚奴徒隸封益其土商容賢人紂所貶退式其閭巷以禮賢。○

〔互註〕見篇首散鹿臺之財。發鉅橋之粟。紂所積之府倉皆散發以賑貧

民(戲)西旦反大賚于四海而萬姓悅服施舍已債救乏賙無所謂周有大賚

天下皆悅仁服德(賚)力代反徐音來(已)音以(債)側界反(賙)音周本亦作周(朱氏云)此段當在第三。列爵惟

五即所識政事而法之爵五等公侯伯子男分土惟三列地封國公侯方百里伯七十里子男五

十里爲三品建官惟賢立官以官賢才(重意)建官惟賢咸有一德任官惟賢材位事

惟能居位治事必任能士重民五教所重在民及五常之教惟食喪祭

民以食爲命喪禮篤親愛祭祀崇孝養皆聖王所重(養)羊亮反惇信明義使天下厚行信顯忠義崇

德報功有德尊以爵有功報以祿(重意)崇德報功微子之命崇德象賢垂拱而天下

治言武王所修皆是所任得人故垂拱而天下治(任)而鴆反(治)直吏反(重意)垂拱而天下治畢命垂拱仰成

監本纂圖重言重意互註尚書卷第六

武成

監本纂圖重言重意互註尚書卷第七

洪範第六　周書　孔氏傳

武王勝殷。殺受。立武庚不放而殺紂自焚也武庚紂子以為王者後一名祿父（勝）商諡反（祿父）下音甫以箕子歸。作洪範歸（鎬）京箕子作之（範）音范（鎬）胡老反本又作鄗武王所都也

洪範洪大範法也言天地之大法惟十有三祀。王訪于箕子商曰祀箕子稱祀不忘本此年四月歸宗周先告武成次問天道（重意）惟十有三祀泰誓　惟十有二年春王乃言曰。嗚呼箕子惟天陰騭下民相協厥居騭定也天不言而默定下民是助合其居使有常生之資（陰）默也馬云覆也（騭）之逸反馬云升也升猶舉也舉猶生也（相協）上息亮反助也我不知其彝倫攸敘言我不知天所以定民之常道理次序問何由（彝）以之反。

（重言）彝倫攸敘二並本篇箕子乃言曰我聞在昔。鯀陻洪水

汨陳其五行陻塞汨亂也治水失道亂陳其五行〔鯀〕工本反〔陻〕音因〔汨〕工忽反〔五行〕戶庚反〔重意〕汨陳其五行甘誓威侮五行帝乃震怒不畀洪範九疇彝倫攸斁畀與斁敗也天動怒鯀不與大法九疇疇類也故常道所以敗〔不畀〕必二反徐甫至反注同與也〔斁〕多路反徐同路反敗也〔重意〕帝乃震怒泰誓上皇天震怒鯀則殛死禹乃嗣興放鯀至死不赦嗣繼也廢父興子堯舜之道〔殛〕紀力反本或作極音同天乃錫禹洪範九疇彝倫攸敘天與禹洛出書神龜負文而出列於背有數至于九禹遂因而第之以成九類常道所以次序〔錫〕星歷反初一曰五行九類類一章以五行爲始次二曰敬用五事五事在身用之必敬乃善次三曰農用八政農厚也厚用之政乃成〔農〕馬云食爲八政之首故以農名之次四曰協用五紀協和也和天時使得正用五紀次五曰建用皇極皇大極中也凡立事當用大中之道次六曰乂用三德治民必用剛柔正直之三德次七曰

明用稽疑明用卜筮考疑之事次八曰念用庶徵次九曰

嚮用五福威用六極言天所以嚮勸人用五福所以威沮人用六極此巳上禹所第叙○嚮許亮反又許兩反沮在汝反此巳上時掌反禹所第叙馬云從五行已下至六極洛書文也漢書五行志以初一已下皆洛書文也

一五行一曰水二曰火三曰木。四曰金五曰土皆其生數

水曰潤下火曰炎上言其自然之常性○炎榮鉗反上時掌反又如字下同木曰曲直金曰從革木可以揉曲直金可以改更○揉如酉反土爰稼穡種曰稼斂曰穡土可以種可以斂

潤下作鹹水鹵所生○鹹音咸鹵音魯炎上作苦焦氣之味曲直作酸木實之性從革作辛金之氣味稼穡作甘甘味生於百穀五行以下箕子所陳

二五事。一曰貌容儀○貌本亦作貌二曰言詞章三曰視觀正○視常止反徐市止反四曰聽察是非五曰思心慮所行○思如字徐息吏反下

同貌曰恭儼恪儼魚檢反言曰從是則可從視曰明必清審聽曰聰
必微諦諦音帝思曰睿必通於微睿悅歲反馬云通也恭作肅心敬從作乂可以
治明作哲照了哲之舌反徐丁列反又之世反聰作謀所謀必成當當丁浪反睿作
聖於事無不通謂之聖三八政一曰食勤農業二曰貨寶用物三曰
祀敬鬼神以成教四曰司空主空土以居民五曰司徒主徒衆教以禮義六
曰司寇主姦盜使無縱縱子用反或作從音同七曰賓禮賓客無不敬八曰師簡師
所任必良士卒必練卒子忽反四五紀一曰歲所以紀四時二曰月所以紀一月
三曰日紀一日四曰星辰二十八宿迭見以敘氣節十二辰以紀日月所會宿音秀迭田
節反見賢遍反五曰曆數曆數節氣之度以為曆敬授民時五皇極皇建其
有極大中之道大立其有中謂行九疇之義斂時五福用敷錫厥庶民

斂是五福之道以爲教用布與衆民使慕之惟時厥庶民于汝極。錫汝保

極。君上有五福之教衆民於君取中與君以安中之善言從化凡厥庶民無有淫

朋人無有比德惟皇作極。民有安中之善則無淫過朋黨之惡比周之德惟天

下皆大爲中正比毗志反注同重言凡厥庶民二並本篇凡厥庶民有猷有爲有

守汝則念之。民戢有道有所爲有所執守汝則念録敘之不協于極不罹

于咎皇則受之。凡民之行雖不合於中而不罹於咎惡皆可進用大法受之罹馬力馳反又來多反

之佐下孟反而康而色曰予攸好德。汝則錫之福。汝當安汝

顔色以謙下人人曰我所好者德汝則與之爵祿好呼報反下人遐嫁反時人斯其惟皇之

極。不合於中之人汝與之福則是人此其惟大之中言可勉進無虐煢獨而畏高

明。煢單無兄弟也無子曰獨單獨者不侵虐之寵貴者不枉法畏之無虐馬本作亡侮煢岐營反畏如字徐云鄭音威

人之有能有為使羞其行而邦其昌功能有為之士使進其所行汝國其昌盛〔其〕〔行〕如字徐不孟反〔重意〕而邦其昌仲虺之誥邦乃其昌凡厥正人既富方穀凡其正直之人既當以爵祿富之又當以善道接之〔重意〕凡厥正人康誥惟厥正人汝弗能使有好于而家時人斯其辜不能使正直之人有好于國家則是人斯其詐取罪而去于其無好德汝雖錫之福其作汝用咎於其無好德之人汝雖與之爵祿其為汝用惡道以敗汝善〔其為〕于僞反無偏無陂遵王之義偏不平陂不正言當循先王之正義以治民〔陂〕音祕舊本作頗音普多反無有作好遵王之道無有作惡遵王之路言無有亂為私好惡動必循先王之道路〔好〕呼報反〔惡〕烏路反注同無偏無黨王道蕩蕩言開闢〔闢〕婢亦反〔互注〕左襄公三年君子謂祁奚於是能舉善矣稱其讎不為諂立其子不為比舉其偏不為黨商書曰無偏無黨王道蕩蕩其祁奚之謂矣無黨無偏

洪範

王道平平言辯治平平婢綿反治直吏反無反無側王道正直言所行無反道不正則王道正直會其有極歸其有極言會其中而行之則天下皆歸其有中矣曰。皇極之敷言是彝是訓。于帝其訓曰者大其義言以大中之道布陳言教不失是常則人皆是順矣天且其順而况于人乎凡厥庶民極之敷言。是訓是行。以近天子之光凡其衆民中心之所陳言凡順是行之則可以近益天子之光明以近附近之近曰天子作民父母。以爲天下王言天子布德惠之教爲兆民之父母是爲天下所歸往不可不務重意天子作民父母泰誓元后作民父母。以爲天下王禹謨爲天下君六三德。一曰正直能正人之曲直二曰剛克剛能立事克馬云勝也三曰柔克和柔能治三者皆德平康正直世平安用正直治之彊弗友剛克友順也世彊禦不順以剛能治之禦魚呂反能治直吏反燮友柔克燮和也世和順以柔能治之燮息協反沈潛剛克沈潛謂地雖柔亦有剛能出金石高明柔克高明謂天言天為剛德亦有柔克不干四時喻臣當執剛以正君君亦當執柔以納臣惟辟作福惟辟作威惟辟玉食言惟君得專威福為美食辟徐補亦反玉食張晏注漢書云玉食珍食也韋昭云諸侯備珍異之食臣無有作福作威玉食臣之有作福作威玉食其害于而家凶于而國人用側頗僻民用僭忒在位不敦平則下民僭差頗普多反僻匹亦反僭子念反忒他得反馬云惡也七稽疑擇建立卜筮人龜曰卜蓍曰筮考正疑事當選擇知卜筮人而建立之蓍音尸乃命卜筮建立其人命以其職曰雨曰霽龜兆形有似雨者有似雨止者霽子細反曰蒙蒙陰闇蒙武工反徐亡鉤反曰驛氣落驛不連屬驛音亦注同屬音燭曰克兆相交錯五者卜兆之常法曰貞曰悔內卦曰貞外卦曰悔凡七卜筮之數卜五占用二衍忒立時人

作卜筮三人占則從二人之言立是知卜筮人使爲卜筮之事夏殷周卜
筮各異三法並卜從二人之言善鈞從衆卜筮各三人(占用二)馬云占筮也(衍)以淺反汝則有大疑將舉事而
謀及乃心謀及卿士謀及庶人謀及卜筮
汝則有大疑先盡汝心以謀慮之次及卿士衆民然後卜筮以決之汝則從龜從筮從卿
士從庶民從是之謂大同人心和順龜筮從之是謂大同於吉身其康
彊子孫其逢吉動不違衆故後世遇吉(逢)馬云逢大也汝則從龜從筮
從卿士逆庶民逆吉三從二逆中吉亦可舉事卿士從龜從筮
從汝則逆庶民逆吉君臣不同決之卜筮亦中吉庶民從龜從
筮從汝則逆卿士逆吉民與上異心亦卜筮以決之汝則從龜
從筮逆卿士逆庶民逆作內吉作外凶二從三逆龜筮相違

故可以祭祀冠婚不可以出師征伐冠官喚反龜筮共違于人皆逆用靜吉用作凶安以守常則吉動則凶

八庶徵曰雨曰暘曰燠曰寒曰風曰時雨以潤物暘以乾物燠以長物寒以成物風以動物五者各以其時所以為衆驗暘音陽乾音干燠乃管反以長丁丈反五者來備各以其敘庶草蕃廡言五者備至各以次序則庶草蕃滋廡豐也蕃音煩廡無甫反徐莫柱反一極備凶一極無凶一者備極過甚則凶一者極無不至亦凶謂失時失序曰休徵敘美行之驗美行下孟反曰肅時雨若君行敬則時雨順之曰乂時暘若君行政治則時暘順之治直吏反治其職同曰晢時燠若君能照晢則時燠順之曰謀時寒若君能謀則時寒順之曰聖時風若君能通理則時風順之曰咎徵敘惡行之驗咎其九反曰狂恒雨若君行狂妄則常雨順之曰僭恒暘若君行僭差則常暘順之曰豫恒燠若君行

逸豫則常煖順之豫羊庶反徐又音舒曰急恒寒若君行急則常寒順之曰蒙恒風若君行蒙闇則常風順之曰王省惟歲王所省職兼所總羣吏如歲兼四時省息井反卿士惟月卿士各有所掌如月之各有別別彼列反師尹惟日衆正官之吏分治其職如日之有歲月歲月日時無易各順常百穀用成乂用明歲月日時無易則百穀成君臣無易則政治明俊民用章家用平康賢臣顯用國家平寧日月歲時既易是三者已易喻君臣易職百穀用不成乂用昏不明俊民用微家用不寧君失其柄權臣擅命治闇賢隱國家亂庶民惟星星有好風星有好雨星民象故衆民惟若星箕星好風畢星好雨亦民所好好呼報反日月之行則有冬有夏日月之行冬夏各有常度君臣政治小大各有常法月之從星則以風雨月經於箕則多風離於畢則多雨政教失常以從民欲亦

所以亂九五福一曰壽百二十年二曰富財豐備三曰康寧無疾病四曰攸好德所好者德福之道五曰考終命各成其短長之命以自終不橫夭橫華孟反又如字六極一曰凶短折動不遇吉短未六十折未三十言辛苦凶馬云終也折時設反又之舌反二曰疾常抱疾苦三曰憂多所憂四曰貧困於財五曰惡醜惡六曰弱尫劣尫烏黃反武王既勝殷邦諸侯班宗彝賦宗廟彝器酒罇賜諸侯班本又作般音同作分器言諸侯尊卑各有分也亡分器扶問反注同

旅獒第七　周書　孔氏傳

西旅獻獒西戎遠國貢大犬獒五羔反馬云作豪酋豪也太保作旅獒召公陳戒召公詩照反後召公皆放此旅獒因獒而陳道義惟克商遂通道于九夷八蠻四夷慕化貢其方賄九八言非一皆通道路無遠不服賄呼罪反西旅厎貢厥獒

西戎之長致貢其獒獒大高四尺曰獒以犬為異〔底〕之履反〔長〕丁丈反太保乃作旅獒用訓于王陳貢獒之義以訓諫王曰嗚呼明王愼德四夷咸賓言明王愼德以懷遠故四夷皆賓服無有遠邇畢獻方物惟服食器用天下萬國無有遠近盡貢其方土所生之物惟可以供服食器用者言不為耳目華侈〔用〕供音恭〔為〕于僞反〔侈〕昌氏反〔重言〕無有遠邇重見盤庚王乃昭德之致于異姓之邦德之所致謂遠夷之貢以分賜異姓諸侯使無廢其職無替厥服分寶玉于伯叔之國時庸展親以寶玉分同姓之國是用誠信其親親之道人不易物惟德其物言物貴由人有德則物貴無德則物賤所貴在於德〔易〕羊豉反德盛不狎侮盛德必自敬何狎易侮慢之有〔易〕以豉反狎侮君子罔以盡人心以虛受人則人盡其心矣〔盡〕津忍反下同狎侮小人罔以盡其力以悅使民民忘其勞則力盡矣不役耳目百

度惟貞言不以聲色自役則百度正玩人喪德。玩物喪志以人爲戲弄則
喪其德以器物爲戲弄則喪其志玩五貫反喪息浪反志以道寧。言以道接在心爲志
發氣爲言皆以道爲本故君子勤道不作無益害有益。功乃成。不貴異
物賤用物。民乃足遊觀爲無益奇巧爲異物言明王之道以德義爲益器用爲貴所以化俗生民
觀官喚反犬馬非其土性不畜非此土所生不畜以不習其用畜許六反珍禽奇
獸不育于國皆非所用有損害故不寶遠物。則遠人格不侵奪其
利則來服矣所寶惟賢。則邇人安寶賢任能則近人安近人安則遠人安矣嗚
呼夙夜罔或不勤言當早起夜寐常勤於德不矜細行。終累大
德輕忽小物積害毀大故君子慎其微行下孟反累劣僞反爲山九仞。功虧一簣
八尺曰仞喻向成也未成一簣猶不爲山故曰功虧一簣是以聖人乾乾日昃慎終如始仞音刃字又作刃七尺曰仞虧曲爲

反賛其貴反向許亮反乾其連反㬎音側允迪茲生民保厥居惟乃世王言其能信蹈行此誡則生人安其居天子乃世世王天下武王雖聖猶設此誡况非聖人可以無誡乎其不免於過則亦宜矣世王如字又于况反注同

巢伯來朝殷之諸侯伯爵也南方遠國武王克商慕義來朝巢仕交反徐呂交反

芮伯作旅巢命芮伯周同姓圻內之國爲卿大夫陳威德以命巢亡芮如銳反圻音祈

# 金縢第八　周書　孔氏傳

武王有疾。周公作金縢爲請命之書藏之於匱緘之以金不欲人開之縢徒登反緘工咸反

金縢遂以所藏爲篇名

既克商二年。王有疾弗豫伐紂明年武王有疾不悅豫豫本又作忬二公曰。我其爲王穆卜。周公曰。未可以戚我先王穆敬戚近也召公太公言王疾當敬卜吉凶周公言未可以死近我先王相順之辭爲于僞反戚千歷反公乃自以爲功周公乃自以請命爲己事爲三壇同墠因大王王季文

王請命於天故爲三壇壇築土墠除地大除地於中爲三壇壇徒丹反築土也馬云土堂墠音善爲壇於南方北面周公立焉立壇上對三王植璧秉珪乃告太王王季文王璧以禮神植置也置於三王之坐周公秉桓珪以爲贄告謂祝辭植時職反徐音置贄音至祝如字或之又反下同史乃冊祝曰惟爾元孫某遘厲虐疾史爲冊書祝辭也元孫武王某名臣諱君故曰某厲危虐暴也遘工豆反遇也若爾三王是有丕子之責于天以旦代某之身太子之責謂疾不可救於天則當以旦代之死生有命不可請代聖人敘臣子之心以垂世教丕普悲反馬同徐甫眉反鄭音不予仁若考能多材多藝能事鬼神我周公仁能順父又多材多藝能事鬼神言可以代武王之意乃元孫不若旦多材多藝不能事鬼神乃命于帝庭敷佑四方汝元孫受命於天庭爲天子布其德教以佑助四方言不可以死用能定爾子孫

于下地四方之民罔不祗畏言武王用受命帝庭之故能定先人子孫於天下四方之民無不敬畏嗚呼無墜天之降寶命我先王亦永有依歸歎惜武王言不救則墜天之寶命救之則先王長有依歸今我卽命于元龜就受三王之命於大龜卜知吉凶爾之許我我其以璧與珪歸俟爾命許謂疾瘳待命當以事神瘳勑留反下同爾不許我我乃屏璧與珪不許謂不愈也屏藏也言不得事神乃卜三龜一習吉習因也以三王之龜卜一相因而吉啓籥見書乃并是吉三兆既同吉開籥見占兆書乃亦并是吉籥音藥徐以略反馬云藏卜兆書管屏必政反公曰體王其罔害公視兆曰如此兆體王其無害言必愈予小子新命于三王惟永終是圖周公言我小子新受三王之命武王惟長終是謀周之道茲攸俟能念予一人言武王愈此所以待能念我天子事成周道公

歸。乃納冊于金縢之匱中。王翼日乃瘳（從壇歸翼明瘳差也【音】初賣反）武王既喪管叔及其羣弟乃流言於國（武王死周公攝政其弟管叔及蔡叔霍叔乃放言於國以誣周公以惑成王【喪】息浪反）曰公將不利於孺子（三叔以周公大聖有次立之勢遂生流言孺稚也稚子成王【孺】如樹反）周公乃告二公曰我之弗辟。我無以告我先王（辟法也告召公太公言我不以法法三叔則我無以成周道告我先王【辟】扶亦反治也說文作㢸音必亦反法也馬鄭音避謂避居東都）周公居東二年。則罪人斯得（周公既告二公遂東征之二年之中罪人此得）于後公乃爲詩以貽王。名之曰鴟鴞。王亦未敢誚公（成王信流言而疑周公故周公既誅三監而作詩解所以宜誅之意以遺王王猶未悟故欲讓公而未敢【貽】羊支反【名】如字徐亡政反【鴟】尺夷反【鴞】吁驕反【誚】在笑反又以【遺】唯季反）秋大熟未穫天大雷電以風（二年）

秋也蒙恒風若雷以威之故有風雷之異（穫）戶郭反禾盡偃。大木斯拔。邦人大恐。風災所及邦人皆大恐 拔 皮八反王與大夫盡弁。以啓金縢之書。皮弁質服以應天（弁）皮彥反徐扶變反（應）應對之應乃得周公所自以爲功。代武王之說。所藏請命冊書本（說）如字徐始銳反二公及王。乃問諸史與百執事。二公倡王啓之故先見書史百執事皆從周公請命（倡）昌亮反（從）才用反又如字對曰。信。噫。公命我勿敢言。史百執事言信有此事周公使我勿道今言之則負周公噫恨辭（噫）於其反馬本作懿猶噫也王執書以泣。曰。其勿穆卜。本欲敬卜吉凶今天意可知故止之昔公勤勞王家。惟予沖人弗及知。言已幼童不及知周公昔日忠勤（沖）直中反（重意）昔公勤勞王家武成王季其勤王家。惟予沖人弗及知大誥肆予沖人永思艱今天動威。以彰周公之德。發雷風之威以明周公之聖德惟朕小予其新逆我國家禮亦宜之周公以成王未寤故留東未還改過自新遣使者迎之亦國家禮有德之宜〖新逆〗馬本作親迎〖遣〗使所吏反王出郊天乃雨反風禾則盡起郊以玉幣謝天天即反風起禾明郊之是〖重意〗天乃雨反風舜典、烈風雷雨弗迷二公命邦人凡大木所偃盡起而築之歲則大熟木有偃拔起而立之築有其根桑果無虧百穀豐熟周公之德此已上大誥後因武王喪并見之〖築〗音竹本亦作筑謂筑其根焉云築拾也〖見〗賢遍反

# 大誥第九　周書　孔氏傳

武王崩三監及淮夷叛三監管蔡商淮夷徐奄之屬皆叛周〖監〗古銜反視也周公相成王將黜殷作大誥相謂攝政黜絕也將以誅叛者之義大誥天下〖相〗息亮反〖誥〗同大誥陳大道以誥天下遂以名篇〖誥〗本亦作𢍜王若曰猷大誥爾多

邦越爾御事周公稱成王命順大道以告天下衆國及於御治事者盡及之〔迪〕音由道也。馬本作大誥繇爾多邦 重言 越爾御事二本篇二下篇一 盡津忍反 弗弔天降割于我家不少言周道不至故天下以害於我家不少謂三監淮夷並作難弔音的又如字割馬本作害不少朱氏依馬讀不少延爲句 難乃旦反 重言 弗弔重見多士君奭 延洪惟我幼沖人以害延大惟累我幼童人成王言其不可不誅之意累力偽反 嗣無疆大歷服弗造哲迪民康言子孫承繼祖考無窮大數服行其政而不能爲智道以安人故使叛先自責 矧曰其有能格知天命安人且猶不能況其有能至知天命者乎知失忍反 已。予惟小子。若涉淵水。予惟往求朕攸濟已發端歎辭也我惟小子承先人之業如涉淵水往求我所以濟渡言祗懼 重言 已予惟小子本篇二康誥已汝惟小子又洛誥已汝惟沖子 重意 若涉淵水微子若涉大水君奭若游大川 敷賁。敷前人受命。茲不忘大功前人文武也我求濟渡在布行大道在布陳文武受命在此不忘大功言任重〔賁〕扶云反徐音憤予不敢閉于天降威用天下威用謂誅惡也言我不敢閉絕天所下威用而不行將欲伐四國寧王遺我大寶龜紹天明即命安天下之王謂文王也遺我大寶龜疑則卜之以繼天明就其命而行之言卜不可違〔遺〕唯季反曰有大艱于西土西土人亦不靜越茲蠢曰語更端也四國作大難於京師西土人亦不安於此蠢蠢動〔蠢〕尺允反〔難〕乃旦反下同又如字殷小腆誕敢紀其敘言殷後小腆腆之祿父大敢紀其王業欲後之〔腆〕他典反馬云至也〔誕〕大旦反〔父〕音甫後同天降威知我國有疵天下威謂三叔流言故祿父知我周國有疵病〔疵〕在斯反馬云瑕也○〔重言〕天降威二一見酒誥民不康曰予復反鄙我周邦祿父言我殷當復欺惑東國人令不安反鄙易我周家道其罪無狀〔令〕力呈反〔易〕以豉反下其易同今蠢今翼日民獻有十夫予翼以于敉寧武圖功今天下蠢動今之明日四國人

賢者有十大來翼佐我周用撫安武事謀立其功言人事先應殺亡婢反應應對之應我有大事休。
朕卜并吉大事戎事也人謀既從卜又并吉所以爲美并必政反注及篇末同肆予告我
友邦君。越尹氏庶士御事以美故告我友國諸侯及於正官尹氏卿大夫衆士御治
事者言謀及之曰予得吉卜。予惟以爾庶邦。于伐殷逋播
臣用汝衆國往伐殷逋亡之臣謂祿父逋布吾反爾庶邦君越庶士御事。罔
不反曰艱大汝衆國上下無不反曰征伐四國爲大難敘其情以戒之【重言】爾庶邦君二並本篇
民不靜。亦惟在王宮邦君室言四國不安亦在天子諸侯教化之過自責不
能綏近以及遠越予小子考翼。不可征。王害不違卜於我小子
先卜敬成周道若謂今四國不可征則王室有害故宜從卜肆予沖人永思艱曰。嗚
呼。允蠢鰥寡哀哉故我童人成王長思此難而歎曰信蠢動天下使無妻無夫者受其害可

哀哉鰥寡故頑反【重意】肆予沖人永思艱金縢惟予沖人弗及知

予造天役遺大投艱于朕身我周家為天下役事遺我甚大投此艱難於我身言不得已。造為也馬云遺也

越予沖人不卬自恤四國於我童人不惟自憂而已乃欲施義於汝眾國君臣上下至御治事者卬五剛反我也

義爾邦君越爾多士尹氏御事言征

綏予曰無毖于恤不可不成乃寧考圖功汝眾國君臣當安勉我曰無勞於憂不可不成汝寧祖聖考文武所謀之功責其以善言之助毖音祕

已予惟小子不敢替上帝命不敢廢天命言卜吉當必征之【重言】已予惟小子二並本篇又康誥已汝惟小子洛誥已汝惟中子

天休于寧王興我小邦周寧王惟卜用克綏受茲命言天美文王興周者以文王惟卜之用故能安受此天命明卜宜用

今天其相民矧亦惟卜用人獻十夫是天助民況亦用卜乎吉可知矣亦言文王相息亮反

嗚呼天明畏

弼我丕丕基歎天之明德可畏輔成我大大之基業言卜不可違也畏如字徐音威重言天明畏三皐陶本篇多士重意弼我丕丕基立政以並受此丕丕基王曰爾惟舊人爾丕克遠省爾知寧王若勤哉特命久老之人知文王故事者大能遠省識古事汝知文王若彼之勤勞哉目所親見法之又明省息井反天閟毖我成功所予不敢不極卒寧王圖事閟慎也言天慎勞我周家成功所在我不敢不極盡文王所謀之事謂致太平閟音秘肆予大化誘我友邦君我欲極盡文王所謀故大化天下道我友國諸侯天棐忱辭其考我民言我周家有大化誠辭為天所輔其成我民矣棐徐音匪又芳鬼反忱市林反予曷其不于前寧人圖功攸終我何其不於前文王安人之道謀立其功所終乎天亦惟用勤毖我民若有疾天亦勞慎我民欲安之如人有疾欲已去之重言若有疾二本篇康誥予曷敢不于前寧人攸受

休畢天欲安民我何敢不於前文王所受美命終畢之王曰若昔朕其逝朕
言艱日思順古道我其往東征矣我所言國家之難備矣日思念之曰人實反難乃旦反下爲難同若
考作室既厎法厥子乃弗肯堂矧肯構以作室喻治政也父
已致法子乃不肯爲堂基況肯構立屋乎不爲其易則難者可知厎之履反構古候反治直吏反厥父菑厥
子乃弗肯播矧肯穫又以農喻其父已菑耕其田其子乃不肯播種況肯收穫乎菑側其
反草也田一歲曰菑穫戶郭反【重意】厥父菑厥子乃弗肯播矧肯穫無逸厥父毋勤勞稼穡厥子乃不知稼穡之艱難
厥考翼其肯曰予有後弗棄基其父敬事創業而子不能繼成其功其肯
言我有後不棄我基業乎今不征是棄之肆予曷敢不越卬敉寧王大命
作室農人猶惡棄基故我何敢不於今日撫循文王大命以征逆乎惡烏路反若兄考乃有友伐
厥子民養其勸弗救若兄弟父子之家乃有明友來伐其子民養其勸心不救者以子惡

故以此四國將誅而無赦者罪大故王曰嗚呼肆哉爾庶邦君越爾御事歎今伐四國必克之故以告諸侯及臣下御治事者【重言】爾庶邦君二并本篇○越爾御事二本篇二後篇一爽邦由哲亦惟十人迪知上帝命言其故有明國事用智道十人蹈知天命謂人獻十夫來佐周越天棐忱爾時罔敢易法矧今天降戾于周邦於天輔誠汝天下是知無敢易天法況今天下罪於周使四國叛乎【重意】越天棐忱康誥天畏棐忱君奭若天棐忱惟大艱人誕鄰胥伐于厥室爾亦不知天命不易惟大為難之人謂三叔也大近相伐於其室家謂叛逆也若不早誅汝天下亦不知天命之不易也易以豉反【重言】天命不易重見君奭予永念曰天惟喪殷若穡夫予曷敢不終朕畝稼穡之夫除草養苗我長念天亡殷惡王亦猶是矣我何敢不順天終竟我壟畝乎言當滅殷盡力勇反天亦惟休于前寧人予曷其極卜敢

弗于從 天亦惟美于文王受命我何其極卜法敢不於從言必從也 率寧人有指

疆土矧今卜并吉 循文王所有指意以安疆土則善矣況今卜并吉乎言不可不從○

【重意】矧今卜并吉本篇朕卜并吉金縢乃并是吉 肆朕誕以爾東征。天命不

僭。卜陳惟若茲 以卜吉之故大以汝衆東征四國天命不僭差卜兆陳列惟若此吉必克之不可不

勉 僭子念反

微子之命第十　周書　孔氏傳

成王既黜殷命。殺武庚 一名祿父 命微子啓代殷後 啓知

紂必亡而奔周命爲宋公爲湯後 作微子之命 封命之書 微子之命 稱其本爵以名

篇 王若曰。猷。殷王元子 微子帝乙元子故順道本而稱之 惟稽古。崇

德象賢 惟考古典有尊德象賢之義言今法之 【重意】惟稽古見堯典崇德象賢武成崇德報功 統

承先王修其禮物言二王之後各修其典禮正朔服色與時王並通三統（正）音政作賓

于王家與國咸休永世無窮爲時王賓客與時皆美長世無竟嗚

呼乃祖成湯克齊聖廣淵言汝祖成湯能齊德聖達廣大深遠澤流後世。

【重意】克齊聖廣淵冏命聰明齊聖皇天眷佑誕受厥命大天眷顧湯佑助之大受

其命謂天命【重言】皇天眷佑二泰誓中本篇大禹謨皇天眷命。誕受厥命重見康誥撫民以寬。

除其邪虐撫民以寬政放桀邪虐湯之德功加于時德垂後裔言湯

立功加於當時德澤垂及後世裔末也（裔）以制反【重意】德垂後裔仲虺垂裕後昆爾惟踐修厥

猷舊有令聞汝微子言能踐湯德久有善譽昭聞遠近（令聞）如字又音問恪愼克孝。

肅恭神人予嘉乃德曰篤不忘言微子敬愼能孝嚴恭神人故我善汝德

謂厚不可忘（篤）本又作竺東谷反上帝時歆下民祗協庸建爾于上

公尹兹東夏孝恭之人祭祀則神歆享施令則人敬和用是封立汝於上公之位正此東方華夏之國
宋在京師東〔重意〕尹兹東夏君奭尹兹東郊䛴許今反欽哉往敷乃訓愼乃服敬哉敬其爲君之德往臨人布汝教訓愼汝祖服命數循用舊
命率由典常以蕃王室典無失其常以蕃屏周室戒之蕃方元反本又作藩〔重言〕欽哉八堯典禹謨本篇畢命各一舜典益稷二○以蕃王室二
本篇蔡仲之命弘乃烈祖律乃有民永綏厥位毗予一人大汝烈祖成湯之道以法度齊汝所有之人則長安其位以輔我一人言上下同榮慶〔毗〕房脂反〔重意〕永綏厥位文侯
之命永綏在位毗予一人泰誓周官弼予一人世世享德萬邦作式言微子累世享德不
忝厥祖雖同公侯而特爲萬國法式俾我有周無斁汝世世享德則使我有周好汝無厭〔俾〕必爾反
〔斁〕音亦〔好〕呼報反厭於艷反嗚呼往哉惟休無替朕命歎其德遣往之國言當帷
爲美政無廢我命〔重言〕往哉七舜典二盤庚本篇康誥畢命文侯之命各一唐叔得禾異畝

微子之命

同穎[唐叔成王母弟食邑內得異禾也畝壟穎穗也禾各生一壟而合爲一穗穎役頃反穗似醉反本亦作遂]獻諸天子[拔而貢之]王命唐叔歸周公于東[異畝同穎天下和同之象周公之德所致周公東征未還故命唐叔以禾歸周公唐叔後封晉]作歸禾[亡]周公既得命禾旅天子之命[已得唐叔之禾遂陳成王歸禾之命而推美成王善則稱君]作嘉禾[天下和同政之善者故周公作書以嘉禾名篇告天下亡]

監本纂圖重言重意互註尚書卷第七

# 監本纂圖重言重意互註尚書卷第八

康誥第十一　周書　孔氏傳

成王既伐管叔蔡叔滅三監以殷餘民封康叔以三
監之民國康叔爲衛侯周公懲其數叛故使賢母弟主之數叛上所角反下亦作畔作康誥酒誥梓
材。康誥命康叔之誥康圻内國名叔封字梓音子圻貝依反惟三月哉生魄周公攝政
七年三月始生魄月十六日明消而魄生魄字又作𩲡普白反馬云𩲡朏也謂月三日始生兆朏名曰魄重意惟三月哉
生魄武成厥四月哉生明顧命惟四月哉生魄周公初基作新大邑于東國
洛。四方民大和會初造基建作王城大都邑於東國洛汭居天下土中四方之民大和悅而集會
汭如銳反侯甸男邦采衛。百工播民和見士于周此五服諸
侯服五百里侯服去王城千里甸服千五百里男服去王城二千里采服二千五百里衛服三千里與禹貢異制五服之百官

播率其民和悅並見即事于周（見賢遍反）【重意】侯甸邦男采衞酒誥侯甸男衞康王之誥庶邦侯甸男衞

**周公咸勤。乃洪大誥治**周公皆勞勉五服之人遂乃因大封命大誥以治道【陸云】乃洪大誥（治）直吏反注及下其治民安治用安治同一本作周公迺洪大誥治（勞）力報反

**王若曰。孟侯。朕其弟。小子封**周公稱成王命順康叔之德命爲孟侯孟長也五侯之長謂方伯使康叔爲之言王使我命其弟封封康叔名稱小子明當受教誨（長）丁丈反下同

**惟乃丕顯考文王。克明德慎罰**惟汝大明父文王能顯用俊德慎去刑罰以爲教首（去）羌呂反下欲去去疾同【互註】左成二年周書曰明德慎罰文王所以造周也明德務崇之之謂也慎罰務去之之謂也

**不敢侮鰥寡。庸庸祗祗威威顯民**惠恤窮民不慢鰥夫寡婦用可用敬可敬刑可刑明此道以示民【重言】不敢侮鰥寡二一本篇無逸【互註】左宣十五年晉侯賞桓子狄臣千室亦賞士伯以瓜衍之縣曰吾獲狄土子之功也微子吾喪伯氏矣羊舌職說是賞也曰周書所謂庸庸祗祗者謂此物也夫

**用肇造我區夏。越我一二邦以**

修用此明德慎罰之道始爲政於我區域諸夏故於我一二邦皆以修治我西土惟時怙我西土岐周惟是怙恃文王之道故其政教冒被四表上聞于天天美其冒。聞于上帝。帝休治(怙)音戸(冒)莫報反覆也(聞)如字徐又音問(重言)聞于上帝二重見君奭天乃大命文王。殪戎殷。誕受厥命天美文王乃大命之殺兵殷大受其王命謂三分天下有其二以授武王(殪)於計反(重言)誕受厥命二一見微子(互註)左宣六年赤狄伐晉圍懷及邢丘晉侯欲伐之中行桓子曰使疾其民以盈其貫將可殪也周書曰殪戎殷此類之謂也越厥邦厥民惟時敘於其國於其民惟是次敘皆文王教乃寡兄勗。肆汝小子封在茲東土汝寡有之兄武王勉行文王之道故汝小子封得在此東土爲諸侯(勗)許玉反王曰。嗚呼。封。汝念哉念我所以告汝之言(重言)汝念哉見篇末今民將在祗遹乃文考。紹聞衣德言今治民將在敬循汝文德之父繼其所聞服行其德言以爲政教(遹)音聿又音述馬云述也(衣)如字徐於既反往敷求于殷先哲王。用保乂民。汝往之國，當布求殷先智王之道，用安治民。汝丕遠惟商耇成人。宅心知訓。汝當大遠求商家耇老成人之道，常以居心，則知訓民。〔耇〕音苟。別求聞由古先哲王。用康保民。又當別求所聞父兄用古先智王之道，用其安者以安民。弘于天若德。裕乃身。不廢在王命。大于天爲順德，則不見廢，常在王命。王曰。嗚呼。小子封。恫瘝乃身。敬哉。恫痛瘝病，治民務除惡政，當如痛病在汝身，欲去之，敬行我言。〔恫〕音通，又敕動反。〔瘝〕古頑反。〔重言〕敬哉五，本篇二，洛誥、蔡仲之命、君奭各一。天畏棐忱。民情大可見。小人難保。天德可畏，以其輔誠。人情大可見，以小人難安。〔棐〕音匪，又芳鬼反。〔忱〕市林反。〔重意〕天畏棐忱，大誥越天棐忱，君奭若天棐忱。往盡乃心。無康好逸豫。乃其乂民。往當盡汝心爲政，無自安好逸豫，寬身，其乃治民。〔盡〕徐子忍反。〔好〕呼報反。我聞曰。怨不在大。亦不在小。

惠不惠，懋不懋。不在大，起於小；不在小，至於大。言怨不可爲，故當使不順者順，不勉者勉。懋，音茂。

互註　左昭八年周書曰：惠不惠，茂不茂。康叔所以服弘大也。

巳！汝惟小子，乃服惟弘王，應保殷民。巳乎！汝惟小子，乃當服行德政，惟弘大王道，上以應天，下以安我所受殷之民衆。應，應對之應，注同。徐於甑反。

重言　巳汝惟小子二，並本篇、大誥。巳予惟小子二，洛誥。巳汝惟冲子。

亦惟助王，宅天命，作新民。弘王道，安殷民，亦所以惟助王者，居順天命，爲民日新之教。

互註　記大學：康誥曰：作新民。詩曰：周雖舊邦，其命惟新。是故君子無所不用其極。

王曰：嗚呼！封，敬明乃罰。歎而勑之，凡行刑罰，汝必敬明之，欲其重愼。

人有小罪，非眚，乃惟終，自作不典；式爾，有厥罪，小，乃不可不殺。小罪非過失，乃惟終自行之，自爲不常，用犯汝。眚，所領反，本亦作省。

乃有大罪，非終，乃惟眚災，適爾，既道極厥辜，時乃不可殺。汝盡聽訟之理，以極其罪，是人所犯，亦不可殺，當以罰宥

論之〔音〕于救反王曰。嗚呼。封。有敘時乃大明服歎政教有次敘是乃治理
大明則民服惟民其勑懋和民既服化乃其自勑正勉爲和若有疾。惟民
其畢棄咎化惡爲善如欲去疾治之以理則惟民其盡棄惡修善〔咎〕其久反〔重言〕若有疾二前見
大誥若保赤子。惟民其康乂愛養人如安孩兒赤子不失其欲惟民其皆安治〔孩〕
亥才反〔互註〕記大學慈者所以使衆也康誥曰如保赤子心誠求之雖不中不遠矣非汝封。刑
人殺人言得刑殺罪人無或刑人殺人無以得刑殺人而有妄刑殺非辜者非
汝封。又曰劓刵人劓截鼻刵截耳刑之輕者亦言所得行〔劓〕魚器反〔刵〕如志反無
或劓刵人所以舉輕以戒爲人輕行之王曰。外事。汝陳時臬司師。
茲殷罰有倫言外土諸侯奉王事汝當布陳是法司牧其衆及此殷家刑罰有倫理者兼用之〔臬〕魚列
反又曰。要囚服念五六日至于旬時。丕蔽要囚。

要用謂察其要辭以斷獄既得其辭服膺思念五六日至於十日至于三月乃大斷之言必反覆思念重刑之至也〔要〕於霄反〔蔽〕必世反〔斷〕丁亂反下及篇末同〔覆〕芳服反 王曰汝陳時臬事罰蔽殷彝陳是法事其刑罰斷獄用殷家常法謂典刑故事〔彝〕以支反 用其義刑義殺勿庸以次汝封義宜也用舊法典刑宜於時世者以刑殺勿用以就汝封之心所安 乃汝盡遜曰時敘惟曰未有遜事乃使汝所行盡順曰是有次序惟當自謂未有順事君子將與自以爲不足 已汝惟小子未其有若汝封之心朕心朕德惟乃知已乎他人未其有若汝封之心言汝心最善我心我德惟汝所知欲其明誠王所以命己之款心〔款〕苦管反〔重言〕汝惟小子二又大誥汝作子 凡民自得罪寇攘姦宄殺越人于貨凡民用得罪爲寇盜攘竊姦宄殺人顚越人於是以取貨利〔攘〕如羊反〔宄〕音軌〔重言〕寇攘姦宄舜典寇賊姦宄 暋不畏死罔弗憝暋強也自強爲惡而不畏死人無不惡之者言當消絕之〔暋〕音

敏（憝）徒對反，徐徒猥反。（强）其丈反。（無不）（惡）烏路反，下所大惡、疾惡亦惡音同。

王曰：封，元惡大憝。矧惟不孝不友。大惡之人，猶爲人所大惡，況不善父母、不友兄弟者乎？言人之罪惡莫大於不孝不友。

子弗祗服厥父事，大傷厥考心。爲人子不能敬身服行父道，而怠忽其業，大傷其父心，是不孝。

于父不能字厥子，乃疾厥子。於爲人父不能字愛其子，乃疾惡其子，是不慈。

于弟弗念天顯，乃弗克恭厥兄。於爲人弟不念天之明道，乃不能恭事其兄，是不恭。

兄亦不念鞠子哀，大不友于弟。爲人兄亦不念稚子之可哀，大不篤友于弟，是不友。（鞠）居六反。（互註）左僖二十三年：初，臼季使過冀，見冀缺耨，其妻饁之，敬，相待如賓。與之歸，言諸文公曰：請用之。公曰：其父有罪，可乎？對曰：舜之罪也殛鯀，其舉也興禹。管敬仲，桓之賊也，實相以濟。康誥曰：父不慈，子不祗，兄不友，弟不恭，不相及也。

惟弔茲，不于我政人得罪。惟人至此不孝不慈不友不恭，不於我執政之人得罪乎？道教不至所致。（弔）音的。

天惟與我

民彝大泯亂天與我民五常使父義母慈兄友弟恭子孝而廢棄不行是以滅亂天道泯武軫反曰。乃其速由文王作罰。刑茲無赦言當速用文王所作違教之罰刑此亂五常者無得赦不率大戛。矧惟外庶子訓人戛常也凡民不循大常之教猶刑之無赦況在外掌衆子之官主訓民者而親犯乎戛簡八反惟厥正人越小臣諸節惟其正官之人於小臣諸有符節之吏及外庶子其有不循大常者則亦在無赦之科重意惟厥正人共範凡厥正人乃別播敷造。民大譽。弗念弗庸瘝厥君。時乃引惡。惟朕憝汝今往之國當分別播布德教以立民大善之譽若不念我言不用我法者病其君道是汝長惡惟我亦惡汝別彼列反注同汝長丁丈反下同已。汝乃其速由茲義率殺亦惟君惟長汝乃其速用此典刑宜於時世者循理以刑殺則亦惟君長之正道不能厥家人。越厥小臣外正惟威惟虐。大放王命。乃非德用

乂爲人君長而不能治其家人之道則於其小臣外正官之吏並爲威虐大放棄王命乃由非德用治之故汝

亦罔不克敬典乃由裕民惟文王之敬忌常事人之

所輕故戒以無不能敬常汝用寬民之道當惟念文王之所敬忌而法之(忌)其記反乃裕民曰我惟

有及則予一人以懌汝行寬民之政曰我惟有及於民則我一人以此悅懌汝德(懌)音亦王

曰封爽惟民迪吉康明惟治民之道而善安之我時其惟殷先

哲王德用康乂民作求我是其惟殷先智王之德用安治民爲求等(爲)于僞反矧

今民罔迪不適不迪則罔政在厥邦治民乃欲求等殷先智王

況今民無道不之言從教也不以道訓之則無善政在其國王曰封予惟不可不監

告汝德之說于罰之行我惟不可不監視古義告汝施德之說於罰之所行欲其勤德

慎刑(說)如字徐始銳反今惟民不靜未戾厥心迪屢未同假令

今天下民不安未定其心於周教道屢數而未和同設事之言㊀令力呈反㊀數所角反爽惟天其罰殛
我其不怨明惟天其以民不安罰誅我我其不怨天汝不治我罰汝汝亦不可怨我㊀殛紀力反惟
厥罪無在大亦無在多矧曰其尚顯聞于天民之
不安雖小邑小民猶有誅罰不在多大況曰不慎罰明聞于天者乎言罪大王曰嗚呼封敬哉
無作怨勿用非謀非彝言當修己以敬無爲可怨之事勿用非善謀非常法㊀重言
欽哉五本篇二洛誥蔡仲之命君陳各一蔽時忱丕則敏德斷行是誠道大法敏德信則人
仟焉敏則有功用康乃心顧乃德遠乃猷用是誠道安汝心顧省汝德無令有非遠
汝謀思爲長久裕乃以民寧不汝瑕殄行寬政乃以民安則我不汝罪過不絕亡汝
王曰嗚呼肆汝小子封惟命不于常以民安則不絕亡汝故當
念天命之不于常汝行善則得之行惡則失之㊀五註記大學康誥曰惟命不于常道善則得之不善則失之矣汝

念哉無我殄無絶棄我言而不念〔重言〕汝念哉本篇二享明乃服命享有國土當明汝所服行之命令使可則高乃聽用康乂民高汝聽聽先王道德之言以安治民。〔重言〕用康乂民三上文一王若曰往哉封勿替敬典汝往之國勿廢所宜敬之常法〔重言〕往哉七舜典二盤庚微子之命本篇畢命文侯之命各一聽朕告汝乃以殷民世享順從我所告之言即汝乃以殷民世世享國福流後世

# 酒誥第十二 周書 孔氏傳

酒誥康叔監殷民殷民化紂嗜酒故以戒酒誥〔嗜〕市志反王若曰明大命于妹邦周公以成王命誥康叔順其事而言之欲令明施大教命於妹國妹地名紂所都朝歌以北是〔王若〕馬本作成王若曰注云言成王若未聞也俗儒以爲成王骨節始成故曰成王或曰以成王爲少成二聖之功生號曰成王沒因爲謚衛賈以爲戒成康叔以慎酒成就人之道也故曰成此三者吾無取焉吾以爲後録書者加之未敢專從故曰未聞也〔妹邦〕馬云妹邦

即收養之地(歛)歛分力呈反下始令勿令同乃穆考文王肇國在西土父昭子穆文王弟稱穆將言始國在西土西土岐周之政(文王)弟稱穆周自后稷而封爲始祖后稷生不窋爲昭鞠陶爲穆公劉爲昭慶節爲穆黄僕爲昭差弗爲穆毀揄爲昭公非爲穆高圉爲昭亞圉爲穆諸盩爲昭大王爲穆王季爲昭文王爲穆故左傳宫之竒云大伯虞仲大王之昭也虢仲虢叔王季之穆也又富辰云管蔡已下十六國文之昭也(昭)一音韶(窋)音竹律反揄音以(盩)音張流反(大)並音泰厥誥毖庶邦庶士越少正御事朝夕曰祀玆酒文王其所告慎衆國衆士於少正官御治事吏朝夕勑之惟祭祀而用此酒不常飲(毖)音祕(少)時照反

惟天降命肇我民惟元祀惟天下教命始令我民知作酒者惟爲祭祀(爲)于僞反又下同

天降威我民用大亂喪德亦罔非酒惟行天下威罰使民亂德亦無非以酒爲行者言酒本爲祭祀亦爲亂行惟(行)下孟反注及下注之行同(重言)天降威二本篇大誥

越小大邦用喪亦罔非酒惟辜於小大之國所用喪亡亦無不以酒爲罪也

文王誥教小子有正有事無彝酒小子民之子孫也正官治事謂
下羣吏教之皆無常飲酒越庶國飲惟祀德將無醉於所治衆國飲酒惟當因
祭祀以德自將無令至醉惟曰我民迪小子惟土物愛厥心臧
文王化我民教道子孫惟土地所生之物皆愛惜之則其心善聰聽祖考之彝訓越小
大德小子惟一言子孫皆聰聽父祖之常教於小大之人皆念德則子孫惟專一妹土
嗣爾股肱純其藝黍稷奔走事厥考厥長今往當使
妹土之人繼汝股肱之教爲純一之行其當勤種黍稷奔走事其父兄長音丁丈反下注長官諸侯之長同肇牽
車牛遠服賈用孝養厥父母農功既畢始牽車牛載其所有求易所無遠行賈
賣用其所得珍異孝養其父母賈音古養羊亮反厥父母慶自洗腆致用酒
其父母善子之行子乃自絜厚致用酒養也洗先典反馬云盡也腆他典反庶士有正越庶伯

君子其爾典聽朕教衆伯君子長官大夫統衆士有正者其汝常聽我教勿違犯爾
大克羞耉惟君爾乃飲食醉飽汝人能進老成人之道則爲君矣如此汝
乃飲食醉飽之道先戒羣吏以聽教次戒康叔以君義丕惟曰爾克永觀省作稽
中德我大惟教汝曰汝能長觀省古道爲考中正之德則君道成矣省息井反爾尚克羞饋
祀爾乃自介用逸能考中德則汝庶幾能進饋祀於祖考矣能進饋祀則汝乃能自大用逸
之道饋其位反茲乃允惟王正事之臣汝能以進老成人爲醉飽考中德爲用逸則此
乃信任王者正事之大臣任音壬茲亦惟天若元德永不忘在王家
言此非但正事之臣亦惟天順其大德而佑之長不見忘在王家王曰封我西土棐徂
邦君御事小子尚克用文王教不腆于酒我文王在
西土輔訓往日國君及御治事者下民子孫皆庶幾能用上教不厚於酒言不常飲故我至于今克

受殷之命以不厚於酒故我周家至于今能受殷王之命王曰。封。我聞惟曰。在昔殷先哲王迪。畏天顯小民聞之於古殷先智王謂湯蹈道畏天明著小民經德秉哲。自成湯咸至于帝乙。成王畏相能常德持智從湯至帝乙中間之王猶保成其王道畏敬輔相之臣不敢爲非相息亮反注同惟御事。厥棐有恭。不敢自暇自逸惟殷御治事之臣其輔佐畏相之君有恭敬之德不敢自寬暇自逸豫暇遐嫁反矧曰其敢崇飲崇聚也自暇自逸猶不敢況敢聚會飲酒乎明無也越在外服。侯。甸。男。衛。邦伯於在外國侯服甸服男服衛服國伯諸侯之長言皆化湯畏相之德越在内服百僚庶尹。惟亞。惟服。宗工於在内服治事百官衆正及次大夫服事尊官亦不自逸越百姓里居於百官族姓及卿大夫致仕居田里者罔敢湎于酒。不惟不敢亦不暇自外服至里居皆無敢沈湎于酒非徒不敢志在助

君敬法亦不暇飲酒（湎）面善反惟助成王德顯。越尹人祗辟所以不暇飲酒惟助
其君成王道明其德於正人之道必正身敬法其身正不令而行（辟）扶亦反我聞亦惟曰在今
後嗣王酣身嗣王紂也酣樂其身不憂政事（酣）戶甘反（樂）音洛厥命罔顯于
民祗保越怨不易言紂暴虐施其政令於民無顯明之德所敬所安皆在於怨不可變易（易）
如字馬以豉反誕惟厥縱淫泆于非彝。用燕喪威儀。民罔
不衋傷心紂大惟其縱淫泆于非常用燕安喪其威儀民無不衋然痛傷其心（縱）子用反注同（泆）音溢又
作逸亦作佚（衋）許力反惟荒腆于酒。不惟自息乃逸言紂大厚於酒晝夜
不念自息乃過差（差）初佳反又初賣反厥心疾很。不克畏死紂疾很其心不能畏死言
無忌憚（很）胡懇反辜在商邑。越殷國滅無罹紂聚罪人在都邑而任之於殷
國滅亡無憂懼弗惟德馨香祀登聞于天。誕惟民怨紂不念發

聞其德使祀見享升聞於天大行淫虐惟爲民所怨咎（重意）弗惟德馨香祀登聞于天君陳至治馨香感于神明呂刑
罔有馨香德刑發聞惟腥庶羣自酒腥聞在上故天降喪于殷
罔愛于殷惟逸紂衆羣臣用酒沈荒腥穢聞在上天故天下喪亡於殷無愛於殷惟以紂奢逸故（聞）
音問天非虐惟民自速辜言凡爲天所亡天非虐民惟民行惡自召罪王曰
封予不惟若茲多誥我不惟若此多誥汝我親行之古人有言曰
人無於水監當於民監古聖賢有言人無於水監當於民監視水見己形視民行
事見吉凶（監）工陷反下及注同（重言）古人有言曰四本篇泰誓牧誓秦誓今惟殷墜厥命我
其可不大監撫于時今惟殷紂無道墜失天命我其可不大視此爲戒撫安天下於是
予惟曰汝劼毖殷獻臣劼固也我惟告汝曰汝當固慎殷之善臣信用之（劼）苦八
反侯甸男衛矧太史友內史友侯甸男衛之國當慎接之況太史內史掌

國典法所賓叟乎〔重言〕侯甸男衛二本篇一康王之誥一又康誥侯甸男邦采衛越獻臣百宗

工。矧惟爾事。服休。服采於善臣百尊官不可不慎況汝身事服行美道服事治民乎

矧惟若疇圻父。薄違農父圻父司馬農父司徒身事且宜敬慎況所順疇咨之

司馬乎況能迫迴萬民之司徒乎言任大〔圻〕巨依反〔父〕音甫〔薄〕蒲各反徐又扶各反〔違〕如字徐音回馬云違行也若

保宏父。定辟。矧汝剛制于酒宏大也宏父司空當順安之司馬司徒司空列

國諸侯三卿愼擇其人而任之則君道定況汝剛斷於酒乎〔辟〕必亦反〔斷〕丁亂反厥或誥曰羣飮。

汝勿佚其有誥汝曰民羣聚飮酒不用上命則汝收捕之勿令失也〔佚〕音逸盡執拘以歸

于周。予其殺盡執拘羣飮酒者以歸於京師我其擇罪重者而殺之〔盡〕子忍反又惟殷

之迪諸臣。惟工乃湎于酒。勿庸殺之又惟殷家蹈惡俗諸臣惟

衆官化紂日久乃沈湎於酒勿用法殺之〔惡〕烏各反姑惟教之。有斯明享以其漸染惡俗

故必三由法令且惟教之則汝有此明訓以享國(三)息暫反又如字乃不用我教辭惟我一人弗恤弗蠲乃事時同于殺汝若忽怠不用我教辭惟我一人不憂汝乃不絜汝政事是汝同於見殺之罪王曰封汝典聽朕毖汝當常聽念我所慎而篤行之勿辯乃司民湎于酒辯使也勿使汝主民之吏湎于酒言當正身以帥民

## 梓材第十三　周書　孔氏傳

梓材告康叔以爲政之道亦如梓人治材(梓)音子本亦作杍馬云古作梓字治木器曰梓治土器曰陶治金器曰冶

王曰封以厥庶民暨厥臣達大家言當用其衆人之賢者與其小臣之良者以通達卿大夫及都家之政於國(暨)其器反以厥臣達王惟邦君汝當信用其臣以通王教於民言通民事於國通王教於民惟乃國君之道汝若恒越曰我有師師汝爲君道使順常於是曰我有典常之師可師法司徒司馬司空尹旅曰

予罔厲殺人言國之三卿正官衆大夫皆順典常而曰我無厲虐殺人之事如此則善矣

重言

司徒至尹旅正政牧誓作亞旅亦厥君先敬勞。肆徂厥敬勞亦其爲君之道當先敬勞民故汝往治民必敬勞來之勞力報反下同來力代反肆往姦宄殺人。歷人。宥以民當敬勞之故汝往之國又當詳察姦宄之人及殺人賊所過歷之人有所寬宥亦所以敬勞之宄音軌肆亦見厥君事。戕敗人宥聽訟折獄當務從寬恕故往治民亦當見其爲君之事察民以過誤殘敗人者當寬宥之見如字徐賢遍反戕徐在羊反又七良反馬云殘也折之舌反王啓監厥亂爲民言王者開置監官其治爲民不可不勉監工暫反劉工銜反下同爲于僞反注同治直吏反曰無胥戕無胥虐。至于敬寡。至于屬婦。合由以容當教民無得相殘傷相虐殺至於敬養寡弱至於存恤妾婦和合其教用大道以容之無令見冤枉屬婦上音蜀妾之事妻也令力呈反篇末同冤紆元反一本作以冤王其效邦君越御事。厥命曷以王若其效實國君及於御治事者知〔重言〕越御事一其教命所施何用不可不勤後見洛誥引養引恬。

自古王若茲監罔攸辟。能長養民長安民用古王道如此監無所復罪當務之〔恬〕田廉反〔辟〕扶亦反

惟曰若稽田。既勤敷菑。惟其陳修。爲厥疆畎。言爲君監民惟若農夫之考田已勞力布發之惟其陳列修治爲其疆畎畔畎壟然後功成以喻教化〔菑〕側其反〔畎〕工犬反

若作室家。既勤垣墉。惟其塗塈茨。如人爲室家已勤立垣墻惟其當塗塈茨蓋之〔垣〕音袁〔墉〕音庸馬云卑曰垣高曰墉〔塈〕徐許既反說文云仰塗廣雅云塗也馬云塈色一音故愛反〔茨〕徐在私反

若作梓材。既勤樸斲。惟其塗丹雘。爲政之術如梓人治材爲器已勞力樸治斲削惟其當塗以漆丹以朱而後成以言教化亦須禮義然後治〔樸〕普角反馬云未成器也〔斲〕丁角反〔雘〕枉略反徐烏郭反馬云善丹也說文云讀與靃同也又一郭反字林音同

今王惟曰先王既勤用明德懷爲夾。庶邦言文武已勤用明德懷遠爲近汝治國當法之〔夾〕音協近也

享。作兄弟。方來。亦既用明德衆國朝享於王又親仁善鄰爲兄弟之國萬方皆來賓服亦已奉用先王之明德朝直遥反后式典集庶邦丕享君天下能用常法則和集衆國大來朝享皇天既付中國民越厥疆土于先王肆大天已付周家治中國民矣能遠拓其界壤則於先王之道遂大付如字馬本作附拓音託王惟德用。和懌先後迷民用懌先王受命今王惟用德和悅先後天下迷愚之民先後謂教訓所以悅先王受命之義懌音亦字又作斁下同先悉薦反注同已若茲監。惟曰欲至于萬年惟王爲監所行已如此所陳法則我周家惟欲使至於萬年承奉王室監古陷反爲于僞反子子孫孫永保民又欲令其子孫累世長居國以安民

召誥第十四　周書　孔氏傳

成王在豐。欲宅洛邑。成王克商遷九鼎於洛邑欲以爲都故成王居焉使召

公先相宅相所居而卜之遂以陳戒召時照反相息亮反下注同作召誥。召誥

召公以成王新即政因相宅以作誥惟二月既望周公攝政七年二月十五日日月相望因紀之越六日乙未王朝步自周則至于豐於已望後六日二十一日成王朝行從鎬京則至于豐以遷都之事告文王廟告文王則武王可知以祖見考鎬胡老反見賢遍反下不見同〔重言〕王朝步自周則至於豐三武成本篇畢命二篇無則字惟太保先周公相宅太保三公官名召公也召公於周公前相視洛居周公後往先悉薦反又如字越若來三月惟丙午朏朏明也月三日明生之名於順來三月丙午朏於朏三日三月五日召公早朝至于洛〔重意〕丙午朏三月惟

越三日戊申。太保朝至于洛。卜宅邑相卜所居朏芳尾反又普沒反徐又芳憒反畢命六月庚午朏。太保朝至于洛洛誥朝至于洛師厥既得卜。則經營其已得吉卜則經營規度城郭郊廟朝市之位處度待洛反朝直遥反處昌慮反越五日庚戌。太保乃以

梓材　召誥

庶殷攻位于洛汭越五日甲寅位成於戊申三日庚戌以衆殷
之民治都邑之位於洛水北今河南城也於庚戌五日所治之位皆成言衆殷本其所自來汭如銳反若翼日
乙卯周公朝至于洛周公順位成之明日而朝至于洛汭則達觀于
新邑營周公通達觀新邑所營言周徧越三日丁巳用牲于郊牛
二於乙卯三日用牲告立郊位於天以后稷配故二牛后稷貶於天有羊豕羊豕不見可知越翼日戊
午乃社于新邑牛一羊一豕一告立社稷之位用太牢也共工氏子曰句
龍能平水土祀以爲社周祖后稷能殖百穀祀以爲稷社稷共牢共音恭句故侯反越七日甲子周
公乃朝用書命庶殷侯甸男邦伯於戊午七日甲子是時諸侯皆會故
周公乃昧爽以賦功屬役書命衆殷侯甸男服之邦伯使就功邦伯方伯即州牧也屬音燭厥既命殷
庶庶殷丕作其已命殷衆衆殷之民大作言勸事太保乃以庶邦冢

君出取幣。乃復入 諸侯公卿並覲於王王與周公俱至文不見王無事召公與諸侯出取幣欲因大會顯周公復扶又反 錫周公曰。拜手稽首旅王若公 召公以幣入稱成王命賜周公曰敢拜手稽首陳王所宜順周公之事 重言 拜手稽首四本篇二立政篇二 誥告庶殷越自乃御事 召公指戒成王而以衆殷諸侯於自乃御治事爲辭謙也諸侯在故託焉

嗚呼皇天上帝。改厥元子茲大國殷之命 歎皇天改其太子此大國殷之命言紂雖爲天所太子無道猶改之言不可不慎 惟王受命。無疆惟休。亦無疆惟恤 所以戒成王天改殷命惟王受之乃無窮惟美亦無窮惟當憂之 重意 受命無疆惟休君奭我受命無疆惟休太甲實萬世無疆之休 嗚呼。曷其奈何弗敬 何其奈何不憂敬之欲其行敬 重言 曷其奈何弗敬二前見五子之歌無曷其二字 天既遐終大邦殷之命。茲殷多先哲王在天 言天已遠終殷命此殷多先智王精神在天不能救者以

紂不行敬故越厥後王後民茲服厥命於其後王後民謂先智王之後繼世

君臣民比服其命言不恭厥終智藏瘝在其終後王之終謂紂也賢智隱藏瘝病者在位言無

良臣瘝工頑反夫知保抱攜持厥婦子以哀籲天徂厥亡

出執言困於虐政夫知保抱其子攜持其妻以哀號呼天告寃無辜往其逃亡出見執殺無地自容所以窮夫知並

如字注同籲音諭呼也號戶高反嗚呼天亦哀于四方民其眷命用

懋民哀呼天天亦哀之其顧視天下有德者命用勉敬者為民主王其疾敬德相古

先民有夏言王當疾行敬德視古先民有夏之王以為法戒之天迪從子保面

稽天若今時既墜厥命夏禹能敬德天道從而子安之禹亦面考天心而順之今是桀

棄禹之道天已墜其王命重言面稽天若今時既墜厥命二見下文今相有殷次復觀有殷天

迪格保面稽天若言天道所以至於保安湯者亦如禹今時既墜厥

命墜其王命今冲子嗣則無遺壽耇童子言成王少嗣位治政無遺棄老
成人之言欲其法之少詩照反曰其稽我古人之德矧曰其有能
稽謀自天冲子成王其考行古人之德則善矣況曰其有能考謀從天道乎言至善嗚呼有
王雖小元子哉其丕能諴于小民今休召公歎曰有成王雖
少而人爲天所子其大能和於小民成今之美勉之諴音咸王不敢後用顧畏于民
嵒王爲政當不敢後能用之士必任之爲先嵒僭也又當顧畏於下民僭差禮義能此二者則德化立而美道成嵒五
咸反徐又音吟王來紹上帝自服于土中言王今來居洛邑繼天爲治躬自服行教
化於地勢正中治直吏反下爲治致治皆同旦曰其作大邑其自時配皇
天稱周公言其爲大邑於土中其用是大邑配上天而爲治毖祀于上下其自時
中乂爲治當愼祀于天地則其用是土中大致治重言其自時中乂二見洛誥王厥有成

命治民今休用是土中致治則王其有天之成命治民今獲太平之美王先服殷御事比介于我有周御事召公既述周公所言又自陳己意以終其戒言當先服治殷家御事之臣使比近於我有周治事之臣必和協乃可一比毗志反徐扶志反近附近之近節性惟日其邁和比殷周之臣時節其性令不失中則道化惟日其行令力呈反王敬作所不可不敬德敬為所不可不敬之德則下敬奉其命矣我不可不監于有夏亦不可不監于有殷言王當視夏殷法其歷年戒其不長我不敢知曰有夏服天命惟有歷年以能敬德故多歷年數我不敢獨知亦王所知重言我不敢知六本篇四君奭二○惟有歷年二見下文我不敢知曰不其延惟不敬厥德乃早墜厥命言桀不謀長久惟以不敬其德故乃早墜失其王命亦王所知我不敢知曰有殷受天命惟有歷年夏言服殷言受明受而服行之

互相兼也殷之賢王猶夏之賢王所以歷年亦王所知我不敢知曰。不其延。惟不敬厥德。乃早墜厥命紂早墜其命猶桀不敬其德亦王所知今王嗣受厥命。我亦惟茲二國命。嗣若功其夏殷也繼受其王命亦惟當以此夏殷長短之命爲監戒繼順其功德者而法則之王乃初服。嗚呼。若生子。罔不在厥初生。自貽哲命。言王新即政始服行教化當如子之初生習爲善則善矣自遺智命無不在其初生爲政之道亦猶是也〔遺〕唯季反今天其命哲。命吉凶。命歷年。今天制此三命惟人所修修敬德則有智則常吉則歷年爲不敬德則愚凶不長雖說之其實在人知今我初服。宅新邑。肆惟王其疾敬德天已知我王今初服政居新邑洛都故惟王其當疾行敬德王其德之用。祈天永命言王當其德之用求天長命以歷年〔重言〕祈天永命又見本篇末其惟王勿以小民淫用非彝勿用小民過用非常欲其重民秉常亦敢殄戮用乂民亦當果敢絕刑戮之道用治民戒以慎罰若有功。其惟王位在德元順行禹湯所有成功則其惟王居位在德之首小民乃惟刑用于天下。越王顯王在德元則小民乃惟用法於天下言治政於王亦有光明上下勤恤其曰我受天命丕若有夏歷年式勿替有殷歷年言當君臣勤憂敬德曰我受天命大順有夏之多歷年勿用廢有殷歷年庶幾兼之欲王以小民受天永命我欲王用小民受天長命言常有民拜手稽首曰予小臣敢以王之讎民百君子拜手首至手稽首首至地盡禮致敬以入其言言我小臣謙辭敢以王之匹民百君子治民者非一人言民在下自上匹之讎讎字或作酬重言拜手稽首四本篇二二立政二越友民保受王威命明德言與匹民百君子於友愛民者共安受王之威命明德奉行之王末有成命王亦顯臣下安受王命則王終有天成命於王亦

昭著

我非敢勤。惟恭奉幣。用供王。能祈天永命。言我非敢獨勤而已惟恭敬奉其幣帛用供待王能求天長命將以慶王多福必上下勤恤乃與小民受天永命（奉）如字又芳孔反（供）音恭徐紀用反注供待同（重言）祈天永命重見上文

監本纂圖重言重意互註尚書卷第八

# 監本纂圖重言重意互註尚書卷第九

洛誥第十五　周書　孔氏傳

召公既相宅。周公往營成周。使來告卜。召公先相宅卜之周公自後至經營作之遣使以所卜吉兆逆告成王（相）息亮反注及下同（使）所吏反注遣使同作洛誥。洛誥既成洛邑將致政成王告以居洛之義

周公拜手稽首曰。朕復子明辟周公盡禮致敬言我復還明君之政於子子成王年二十成人故必歸政而退老（辟）必亦反【重言】周公拜手稽首二重見篇末

王如弗敢及天基命定命如往也言王往日幼少不敢及知天始命周家安定天下之命故已攝（少）詩照反予乃胤保。大相東土。其基作民明辟我乃繼文武安天下之道大相洛邑其始為民明君之治（治）直吏反予惟乙卯。朝至于洛師致政在冬本其春來至洛衆說始卜定都之意【重意】朝至于洛師召誥太保朝至于

洛我卜河朔黎水。我乃卜澗水東瀍水西。惟洛食我使人卜河北黎水。卜不吉。又卜澗瀍之間南近洛。吉。今河南城也。卜必先墨畫龜。然後灼之。兆順食墨。河朔朔北也。瀍直連反近附近之近我又卜瀍水東。亦惟洛食。伻來以圖及獻卜。今洛陽也。將定下都。遷殷頑民。故并卜之。遣使以所卜地圖及獻所卜吉兆。來告成王。伻晋耕反。徐敷耕反。又甫耕反。下同王拜手稽首曰。公不敢不敬天之休。來相宅。其作周匹休。成王尊敬周公。荅其拜手稽首。而受其言。述而美之。言公不敢不敬天之美。來相宅。其作周以配天之美重言王拜手稽首一。太甲中一。○來相宅一。見篇末公既定宅。伻來。來視予卜休恒吉。我二人共貞。言公前已定宅。遣使來。來視我以所卜之美。常吉之居。我與公共正其美。貞正也。馬云。當也公其以予萬億年敬天之休。公其當用我萬億年敬天之美。十千為萬。十萬為億。言久遠拜手稽首誨言。成王盡禮致敬於周公求教誨之言。盡，子忍反。周公曰：王肇稱殷禮，祀于新邑，咸秩無文。言王當始舉殷家祭祀，以禮典祀于新邑，皆次秩不在禮文者而祀之。咸秩無文（重言）二見下文。予齊百工，伻從王于周。予惟曰：庶有事。我整齊百官，使從王於周，行其禮典，我惟曰庶幾有善政事。今王即命曰：記功，宗以功作元祀。今王就行王命於洛邑，曰當記人之功，尊人亦當用功大小爲序，有大功則列大祀，謂功施於民者。曰記，上音越，一音人實反。惟命曰：汝受命篤弼，丕視功載，乃汝其悉自教工。惟天命我周邦，汝受天命厚矣，當輔大天命，視羣臣有功者記載之。乃汝新即政，其當盡自教衆官，躬化之。孺子其朋，孺子其朋其往。少子慎其朋黨，少子慎其朋黨，戒其自今已往。無若火始燄燄，厥攸灼敘，弗其絕。言朋黨敗俗，所宜禁絕，無令若火始然，燄燄尚微，其所及灼然有次序，不其絕。事從微至著，防之宜以初。燄音豔。敘絕句，馬讀敘句，字屬下。（令）力呈反。厥若彝及撫事如予。惟以在周工其順常道及撫國事如我所爲惟用在周之百官往新邑。伻嚮即有僚。明作有功。惇大成裕。汝永有辭往行政化於新邑當使臣下各嚮就有官明爲有功厚大成寬裕之德則汝長有歎譽之辭於後世〔嚮〕許亮反注同〔惇〕都昆反公曰。已汝惟沖子。惟終已乎汝惟童子嗣父祖之位惟當終其美業○〔重意〕已汝惟沖子大誥已予惟小子康誥已汝惟小子汝其敬識百辟享。亦識其有不享。享多儀。儀不及物。惟曰不享。奉上謂之享言汝爲王其當敬識百君諸侯之奉上者亦識其有違上者奉上之道多威儀威儀不及禮物惟曰不奉上惟不役志于享。凡民惟曰不享。惟事其爽侮言人君惟不役志于奉上則凡人化之惟曰不奉上矣如此則惟政事其差錯侮慢不可治理〔重言〕凡民惟曰不享二重見多方乃惟孺子頒朕不暇。聽朕教汝于棐民彝我爲政常若不暇汝惟小子當

分取我之不暇而行之聽朕教汝於輔民之常而用之頒音班徐甫云反馬云猶也棐音匪又芳鬼反

汝乃是不蘉乃時惟不永哉汝乃是不勉為政汝是惟不可長哉欲其必勉為可長蘉徐莫剛反又武剛反馬云勉也

篤叙乃正父罔不若予不敢廢乃命厚次序汝正父之道而行之無不順我所為則天下不敢棄汝命常奉之

汝往敬哉茲予其明農哉汝往居新邑敬行教化哉如此我其退老明教農人

彼裕我民無遠用來以義哉彼天下被寬裕之政則我民無遠用來言皆來被皮寄反又被美反

重言敬哉五康誥一本篇蔡仲之命君陳各一

王若曰公明保予冲子成王順周公意請留之自輔言公當明安我童子不可去之

公稱丕顯德以予小子揚文武烈言公當留舉大明德用我小子褒揚文武之業而奉順天褒薄謀反切韻博毛反

奉荅天命和恒四方民居又當奉當天命以和常四方之民居處其衆

師惇宗將禮稱秩元祀咸秩

無文厚尊大禮舉秩大祀皆次秩無禮文而宜在祀典者凡此待公而行重言咸秩無文二見上文惟公德明光于上下。勤施于四方言公明德光于天地勤政施於四海萬邦四夷服仰公德而化之旁作穆穆迓衡。不迷文武勤教四方旁來爲敬敬之道以迎太平之政不迷惑於文武所勤之教言化洽旁步光反迓五嫁反馬鄭王皆音魚據反予沖子夙夜毖祀言政化由公而立我童子徒早起夜寐愼其祭祀而已無所能毖音祕王曰。公功棐迪篤。罔不若時公之功輔道我已厚矣天下無不順而是公之功王曰。公予小子其退。即辟于周。命公後我小子退坐之後便就君於周命立公後公當留佐我四方迪亂。未定于宗禮。亦未克敉公功言四方雖道治猶未定於尊禮禮未彰是亦未能撫順公之大功明不可以去敉亡婢反迪直吏反下同迪將其後監我士師工公留教道將助我其今已後之政監篤我政事衆官委任之言監古

（衒反注同）誕保文武受民亂爲四輔（大安文武所受之民治之爲我四維之輔）
（明當依倚公）王曰公定予往已公功肅將祗歡（公留以安定我我從）
（公言往至洛邑已矣公功已進大天下咸敬樂公功樂音洛）公無困哉我惟無斁其
康事公勿替刑四方其世世享（我惟無厭其安天下事公必留無去以困我哉）
（公勿去以廢法則四方其世世享公之德斁音亦厭於豔反）周公拜手稽首曰王命
予來承保乃文祖受命民（拜而後言許成王留言王命我來承安汝文德之祖）
（文王所受命之民是所以不得去）〔重言〕（周公拜手稽首二見篇首）越乃光烈考武王
弘朕恭（於汝大業之父武王大使我恭奉其道叙成王留己意）孺子來相宅其大
惇典殷獻民（少子今所以來相宅於洛邑其大厚行典常於殷賢人）亂爲四方
新辟（必亦）作周恭先（言當治理天下新其政化爲四方之新君爲周家見恭敬之主後世所推先也）曰

其自時中乂，萬邦咸休，惟王有成績。曰其當用是土中爲治，使萬國皆被美德，如此惟王乃有成功。重言 其自時中乂二 前見召誥 ○萬邦咸休二 後見冏命 予旦以多子越御事篤前人成烈，荅其師，作周孚先。我旦以衆卿大夫於御治事之臣，厚率行先王成業，當其衆心，爲周家立信者之所推先。重言 越御事二 前見梓材 考朕昭子刑，乃單文祖德。伻來毖殷，乃命寧，我所成明子法，乃盡文祖之德，謂典禮也，所以居土中，是文武使己來慎教殷民，乃見命而安之。單音丹，馬丁但反，信也。予以秬鬯二卣，曰明禋，拜手稽首休享。周公攝政七年，致太平，以黑黍酒二器明潔致敬告文武，以美享，既告而致政，成王留之本說之。秬音巨，鬯勑亮反，香酒也。卣由手反，又音由，中樽也。禋音因。予不敢宿，則禋于文王、武王。言我見天下太平，則絜告文武，不經宿。惠篤叙，無有遘自疾，萬年厭于乃德，殷乃引考。汝爲政當順典常，厚

行之使有次序無有遇用患疾之道者則天下萬年厭於汝德殷乃長成爲周(遘)工豆反(厭)於豔反注同馬云厭飫也徐於廉反

王伻殷乃承叙萬年。其永觀朕子懷德王使殷民上下相承有次序則萬年之道民其長觀我子孫而歸其德矣勉使終之

戊辰。王在新邑成王既受周公誥遂就居洛邑以十二月戊辰晦到王在新邑馬孔絶句

烝祭歲。文王騂牛一。武王騂牛一。王命作册逸祝册。惟告周公其後明月夏之仲冬始於新邑烝祭故曰烝祭歲古者褒德賞功必於祭日示不專也特加文武各一牛告曰尊周公立其後爲魯侯(烝)之承反鄭讀王在新邑烝(騂)息營反(祝)之又反一音之六反

王賓殺禋咸格。王入太室祼王賓異周公殺牲精意以享文武皆至其廟親告也太室清廟祼鬯告神王賓絶句殺禋絶句一讀連咸格絶句太室馬云廟中之夾室(祼)古喚反

王命周公後。作册逸誥王爲册書使史逸誥伯禽封命之書皆同在烝祭日周公拜前魯公拜後

在十有二月。惟周公誕保文

武受命。惟七年言周公攝政盡此十二月大安文武受命之事惟七年天下太平自戊辰以下史所終述受命絕句馬同惟七年周公攝政七年天下太平馬同鄭云文王武王受命及周公居攝皆七年

多士第十六　周書　孔氏傳

成周既成洛陽下都遷殷頑民殷大夫士心不則德義之經故徙近王都教誨之㊀不則如字或作測非㊀近附近之近周公以王命誥稱成王命告令之作多士多士所告者即衆士故以名篇惟三月。周公初于新邑洛用告商王士周公致政明年三月始於新邑洛用王命誥商王之衆士王若曰。爾殷遺多士順其事稱以告殷遺餘衆士所順在下弗弔。旻天大降喪于殷稱天以愍下言愍道至者殷道不至故旻天下喪亡於殷㊀弔音的㊀旻天上閔巾反仁覆愍下謂之旻馬云秋曰旻天秋殺也方言降喪故稱旻天也㊀愍眉隕反㊀喪息浪反㊀重言弗弔三前見大誥後見君奭我有周佑命。將天明威

言我有周受天佑助之命故得奉天明威致王罰。勑殷命終于帝天命周致王者之誅罰正黜殷命終周於帝王肆爾多士。非我小國敢弋殷命天佑我故汝衆士臣服我弋取也非我敢取殷王命乃天命弋徐音翼馬本作翼異義同惟天不畀。允罔固亂。弼我。我其敢求位惟天不與信無堅固治者故輔佐我我其敢求天位乎治直吏反畀必利反下同重言惟天不畀二見本篇惟帝不畀。惟我下民秉爲。惟天明畏惟天不與紂惟我周家下民秉心爲我皆是天明德可畏之效爲于僞反畏如字一音威重言天明畏二前見皋陶謨大誥我聞曰。上帝引逸。有夏不適逸。則惟帝降格言上天欲民長逸樂有夏桀爲政不之逸樂故天下至戒以譴告之樂音洛下同譴棄戰反嚮于時夏。弗克庸帝。大淫泆有辭天下至戒是嚮於時夏不背棄桀不能用天戒大爲過逸之行有惡辭聞於世嚮許亮反于時夏絕句馬以時字絕句泆音逸又作佾注同馬本作屑云過也背音佩行下孟反惟時天罔念聞。厥惟廢元命。降致罰惟是桀惡有辭故天無所念聞言不佑其惟廢其大命下致天罰乃命爾先祖成湯革夏。俊民甸四方天命湯更代夏用其賢人治四方甸徒遍反自成湯至于帝乙。罔不明德恤祀自帝乙以上無不顯用有德憂念齊敬奉其祭祀言能保宗廟社稷上時掌反齊側皆反亦惟天丕建保乂有殷。殷王亦罔敢失帝。罔不配天其澤湯既革夏亦惟天大立安治於殷殷家諸王皆能憂念祭祀無敢失天道者故無不配天布其德澤在今後嗣王。誕罔顯于天。矧曰其有聽念于先王勤家後嗣王紂大無明於天道行昏虐天且忽之况曰其有聽念先祖勤勞國家之事乎誕淫厥泆。罔顧于天顯民祗言紂大過其過無顧於天無能明人爲敬暴亂甚惟時上帝不保。降若茲大喪惟是紂惡天不安之故下若此大喪亡之誅喪

息浪反惟天不畀。不明厥德。凡四方小大邦喪。罔
非有辭于罰惟天不與不明其德者故凡四方小大國喪滅無非有辭於天所罰言皆有闇亂之辭
(重言)惟天不畀二見篇首王若曰。爾殷多士。今惟我周王。丕
靈承帝事周王文武也大神奉天事言明德恤祀(重意)今惟我周王丕靈承帝事多方惟我周王
靈承于旅有命曰割殷。告勑于帝天有命命周割絕殷命告正於天謂既克紂柴於牧
野告天不頓兵傷士惟我事不貳適惟爾王家我適言天下事已之我周
矣不貳之佗惟汝殷王家已之我不復有變(復)扶又反予其曰。惟爾洪無度。我不
爾動。自乃邑我其曰推汝大無法度謂紂無道我不先動誅汝亂從汝邑起言自召禍予亦
念天即于殷大戾。肆不正我亦念天就於殷大罪而加誅者故以紂不能正身念法
王曰。猷。告爾多士。予惟時其遷居西爾以道告汝衆士我惟

（汝未達德義是以徙居西汝於洛邑教誨汝）非我一人奉德不康寧。時惟天命（我徙汝非我天子奉德不能使民安之是惟天命宜然）【重言】（時惟天命二見下文）無違朕。不敢有後。無我怨（汝無違命我亦不敢有後誅汝無怨我）惟爾知惟殷先人。有冊有典。殷革夏命（言汝所親知殷先世有冊書典籍說殷改夏王命之意）今爾又曰。夏迪簡在王庭。有服在百僚（簡大也今汝又曰夏之衆士蹈道者大在殷王庭有服職在百官言見任用）【重意】（夏迪簡在王庭有服在百僚多方迪簡在王庭尚爾事有服在大僚）予一人惟聽用德。肆予敢求爾于天邑商（言我周亦法殷家惟聽用有德故我敢求汝於大邑商將任用之）予惟率肆矜爾。非予罪。時惟天命（惟我循殷故事憐愍汝故徙教汝非我罪咎是惟天命）【重言】（時惟天命上文）

王曰。多士。昔朕來自奄。予大降爾四國民命（昔我來從

奄謂先誅三監後伐奄淮夷民命謂君也天下汝民命謂誅四國君【重意】予大降爾四國民命多方我惟大降爾四國民命

我乃明致天罰移爾遐逖比事臣我宗多遜【四國】君叛逆我下其命乃所以明致天罰今移徙汝於洛邑使汝遠於惡俗比近臣我宗周多爲順道（逖）他歷反（比）毗志反注同（遜）于萬反

王曰告爾殷多士今予惟不爾殺予惟時命有申所以徙汝是我不欲殺汝故惟是教命申戒之今朕作大邑于茲洛予惟四方罔攸賓今我作此洛邑以待四方無有遠近無所賓外（賓）如字徐音殯馬云却也亦惟爾多士攸服奔走臣我多遜非但待四方亦惟汝衆士所當服行奔走臣我多爲順事

爾乃尚有爾土爾乃尚寧幹止汝多爲順事乃庶幾還有汝本土乃庶幾安汝故事止居以反所生誘之

爾克敬天惟畀矜爾汝能敬行順事則爲天所與爲天所憐【重言】天惟畀矜爾立後見多方爾不克敬爾不啻不有爾

士予亦致天之罰于爾躬汝不能敬愼其罰深重不但不得還本土而已我亦
致天罰於汝身言刑殺○啻始豉反徐本作翅音同下篇放此〔重意〕予亦致天之罰于爾躬多方我則致天之罰湯誓致天之罰
今爾惟時宅爾邑繼爾居爾厥有幹有年
于茲洛今汝惟是敬順居汝邑繼汝所當居爲則汝其有安事有豐年於此洛邑言由洛修善得還本土有幹有年
爾小子乃興從爾遷汝能敬則子孫乃起從汝化而遷善王曰又曰
時予乃或言爾攸居言汝衆士當是我勿非我也我乃有教誨之言則汝所當居行

# 無逸第十七　周書　孔氏傳

周公作無逸中人之性好逸豫故戒以無逸○好呼報反無逸成王即政恐其逸豫故以所戒名篇
周公曰嗚呼君子所其無逸歎美君子之道所在念德其無逸豫君子且猶然況王者乎
先知稼穡之艱難乃逸則知小人之依

稼穡農夫之艱難事，先知之乃謀逸豫，則知小人之所依怙。怙音戶 相小人。厥父母勤勞稼穡。厥子乃不知稼穡之艱難 視小人不孝者，其父母躬勤艱難而子乃不知其勞。相息亮反 【重意】厥父母止艱難見大誥 乃逸乃諺。既誕。否則侮厥父母曰。昔之人無聞知 小人之子既不知父母之勞，乃為逸豫遊戲，乃叛諺不恭。已欺誕父母，不欺則輕侮其父母曰：古老之人無所聞知。諺音彥 周公曰。嗚呼我聞曰昔在殷王中宗 太戊也。殷家中世尊其德，故稱宗。 嚴恭寅畏天命自度 言太戊嚴恪恭敬，畏天命，用法度。嚴如字，又魚檢反，注同。馬作儼。 治民祗懼。不敢荒寧 為政敬身畏懼，不敢荒怠自安。治直吏反 【重言】不敢荒寧重見下文 肆中宗之享國。七十有五年 以敬畏之故，得壽考之福。 其在高宗時舊勞于外。爰暨小人 武丁其父小乙使之久居民間，勞是稼穡，與小人出入同事。 作其即位。

乃或亮陰三年不言武丁起其即王位小乙死乃有信默三年不言言孝行著行下孟反

〔重言〕作其即位二重見下文其惟不言言乃雍不敢荒寧在喪則其

惟不言喪畢發言則天下和亦法中宗不敢荒怠自安〔互註〕記檀弓子張問曰書云高宗三年不言言乃讙有諸仲尼

曰胡爲其不然也古者天子崩王世子聽於冢宰三年嘉靖殷邦至于小大無時

或怨善謀殷國至于小大之政人無是有怨者言無非肆高宗之享國五十

有九年高宗爲政小大無怨故亦享國永年其在祖甲不義惟王舊爲

小人湯孫太甲爲王不義久爲小人之行伊尹放之桐作其即位爰知小人

之依能保惠于庶民不敢侮鰥寡在桐三年思集用光起就王位

於是知小人之所依依仁政故能安順於衆民不敢侮慢惸獨惸求營反字又作煢〔重言〕不敢侮鰥寡三康誥一肆

祖甲之享國三十有三年太甲亦以知小人之依故得久年此以德優劣立年

多少爲先後故祖甲在下殷家亦祖其功故稱祖自時厥後立王生則逸從是三王各承其後而立者生則逸豫無度【重言】自時厥後二重見下文生則逸不知稼穡之艱難言與小人之子同其微不聞小人之勞惟耽樂之從過樂謂之耽惟樂之從言荒淫（耽）丁南反注下同（樂）音洛注下同自時厥後亦罔或克壽以耽樂之故從是其後亦無有能壽考或十年或七八年或五六年或四三年高者十年下者三年言逸樂之損壽周公曰嗚呼厥亦惟我周太王王季克自抑畏大王周公曾祖王季即祖言皆能以義自抑畏敬天命將說文王故本其以祖文王卑服即康功田功文王節儉卑其衣服以就其安人之功以就田功以知稼穡之艱難卑服如字馬本作俾使也徽柔懿恭懷保小民惠鮮鰥寡以美道和民故民懷之以美政恭民故民安之又加惠鮮乏鰥寡之人（鮮）息淺反注同

自朝至于日中昃不遑暇食用咸和萬民從朝至日昳不暇食思慮政事用皆和萬民昃音側本又作仄昳田節反文王不敢盤于遊田以庶邦惟正之供文王不敢樂於遊逸田獵以衆國所取法則當以正道供待之故供音恭文王受命惟中身厥享國五十年文王九十七而終中身即位時年四十七言中身舉全數周公曰嗚呼繼自今嗣王繼從今已往嗣世之王皆戒之則其無淫于觀于逸于遊于田以萬民惟正之供所以無敢過於觀遊逸豫田獵者用萬民當惟正身以供待之故無皇曰今日耽樂乃非民攸訓非天攸若時人丕則有愆無敢自暇曰惟今日樂後日上夫耽樂者乃非所以教民非所以順天是人則大有過矣愆起虔反夫音扶無若殷王受之迷亂酗于酒德哉以酒為凶謂之酗言紂心迷政亂以酗酒為德戒嗣王無如之酗況付反

周公曰。嗚呼。我聞曰。古之人。猶胥訓告。胥保惠胥教誨。歎古之君臣雖君明臣良猶相道告相安順相教誨以義方民無或胥譸張為幻。譸張誑也君臣以道相正故下民無有相欺誑幻惑也譸竹求反馬本作輈爾雅及詩作侜同侜張誑也幻音患誑九況反此厥不聽。人乃訓之。乃變亂先王之正刑。至于小大。此其不聽中正之君人乃教之以非法乃變亂先王之正法至于小大無不變亂言已有以致之（重言）此厥不聽二重見下文民否則厥心違怨。否則厥口詛祝。以君變亂正法故民否則其心違怨否則其口詛祝言皆患其上詛側助反祝之又反周公曰。嗚呼。自殷王中宗及高宗及祖甲及我周文王。茲四人迪哲。言此四人皆蹈智明德以臨下厥或告之曰。小人怨汝詈汝。則皇自敬德。其有告之言小人怨詈汝者則大自敬德增修善政詈力致反厥愆。曰：朕之愆。允若時。不啻不敢含怒。（其人有過則曰我過百姓有過在予一人信如是怨詈則四王不啻不敢含怒以罪之言常和悅）此厥不聽。人乃或譸張為幻。曰：小人怨汝詈汝。則信之。（此其不聽中正之君有人誑惑之言小人怨憾詛詈汝則信受之憾胡暗反）〔重言〕（此厥不聽二重見上文）則若時。不永念厥辟。不寬綽厥心。（則如是信讒者不長念其為君之道不寬緩其心言含怒）亂罰無罪。殺無辜。怨有同。是叢于厥身。（信讒含怒罰殺無罪則天下同怨讎之叢聚於其身叢才工反）周公曰：嗚呼。嗣王其監于茲。（視此亂罰之禍以為戒）〔重意〕（嗣王其監于茲太甲上嗣王戒哉）

監本纂圖重言重意互註尚書卷第九

# 監本纂圖重言重意互註尚書卷第十

## 君奭第十八　周書　孔氏傳

召公爲保。周公爲師。相成王爲左右。召公不說。周公作君奭。君奭　尊之曰君。奭，名。同姓也。陳古以告之，故以名篇。爲保，太保也。爲師，太師也。馬云：保氏、師氏，皆大夫官。相（息亮反）。左右（馬云：分陝爲二伯，東爲左，西爲右）。說（音悅）。奭（始亦反，召公名）。

周公若曰。君奭　順古道呼其名而告之。弗弔。天降喪于殷。殷既墜厥命。我有周既受。言殷道不至，故天下喪亡於殷，殷已墜失其王命，我有周道至，已受之。弔（音的）。

重言　弗弔三　本篇　大誥　多士

我不敢知曰。厥基永孚于休。若天棐忱。廢興之迹，亦君所知。言殷家其始長信於美道，順天輔誠，所以國也。棐（音匪，又芳鬼反）。忱（市林反）。

重言　我不敢知六　召誥四　本篇二

重意　若天棐忱　大誥越天棐忱　康誥天畏棐忱

我亦不敢知曰

其終出于不祥言殷紂其終墜厥命以出於不善之故亦君所知（謬）馬本作崇云充也嗚呼。君已曰時我。我亦不敢寧于上帝命歎而言曰君已當是我之留我亦不敢安于上天之命故不敢不留（已）音以弗永遠念天威。越我民罔尤違言君不長遠念天之威而勸化於我民使無過違之闕惟人。在我後嗣子孫。大弗克恭上下。遏佚前人光。在家不知惟衆人共存在我後嗣子孫若大不能恭承天地絕失先王光大之道我老在家則不得知（遏）於葛反徐音謁絕反（佚）音逸天命不易。天難諶。乃其墜命。弗克經歷天命不易天難信無德者乃其墜失王命不能經久歷遠不可不慎（易）以豉反注同（諶）氏壬反（重言）○天命不易一本篇大誥○天難諶二本篇咸有一德嗣前人恭明德。在今予小子旦繼先王之大業恭奉其明德正在今我小子旦言異於餘臣非克有正。迪惟前人光。施于我沖子我留非能有改正但欲蹈行先王光大之道施政于我童子童子成王又曰天不可信我道惟寧王德延無德去之是天不可信故我以道惟安寧王之德謀欲延久〔我道〕馬本作我迪〔去〕如字又起呂反天不庸釋于文王受命言天不用令釋廢於文王所受命故我留佐成王公曰君奭我聞在昔成湯既受命已放桀受命爲天子時則有若伊尹格于皇天尹摯佐湯功至大天謂致太平〔摯〕音至〔重言〕格于皇天二前見說命下文格于上帝在太甲時則有若保衡太甲繼湯時則有如此伊尹爲保衡言天下所取安所取平在太戊太甲之孫時則有伊陟臣扈格于上帝巫咸乂王家伊陟臣扈率伊尹之職使其君不隕祖業故至天之功不隕巫咸佁王家言不及二臣〔隕〕于敏反在祖乙時則有若巫賢祖乙殷家亦祖其功時賢臣有如此巫賢賢咸子巫氏在武丁時則有若甘盤高宗即位甘盤佐之後有傅說〔說〕音悅率

惟茲有陳。保乂有殷。故殷禮陟配天。多歷年所言伊尹至甘盤六臣佐其君循惟此道有陳列之功以安治〇有殷故殷禮能升配天享國久長多歷年所〔治〕直吏反下同〔重言〕保乂有殷見下文天惟純佑命。則商實百姓殷禮配天天惟大佑助其王命使商家百姓豐實皆知禮節王人罔不秉德明恤。小臣。屏侯甸自湯至武丁其王人無不持德立業明憂其小臣使得其人以爲藩屏侯甸之服小臣且憂得人則大臣可知〔屏〕賓領反矧咸奔走。惟茲惟德稱。用乂厥辟王猶秉德憂臣況臣下得不皆奔走惟王此事惟有德者舉用治其君事〔辟〕必亦反故一人有事于四方。若卜筮。罔不是孚一人天子也君臣務德故有事於四方而天下化服如卜筮無不是而信之公曰。君奭。天壽平格。保乂有殷。有殷嗣天滅威言天壽有平至之君故安治有殷有殷嗣子紂不能平至天滅亡加之以威今汝永念。則有固命。厥亂明

我新造邦。今汝長念平至者安治反是者滅亡以爲法戒則有堅固王命其治理足以明我新成國矣

公曰君奭在昔上帝割申勸寧王之德其集大命于厥躬在昔上天割制其義重勸文王之德故能成其大命於其身謂勸德以受命【重】直庸反○

【互註】記緇衣君奭曰昔在上帝周田觀文王之德其集大命於厥躬注云言文王有誠信之德天蓋申勸之集大命於其身謂命之使王天下也

惟文王尚克修和我有夏亦惟有若虢叔有若閎夭文王庶幾能修政化以和我所有諸夏亦惟賢臣之助爲治有如此虢閎閎氏虢國叔字文王弟夭名【虢】寡白反徐公百反【閎】音宏【夭】於表反徐於驕反

有若散宜生有若泰顛有若南宮括散泰南宮皆氏宜生顛括皆名凡五臣佐文王爲胥附奔走先後禦侮之任【散】素但反【顛】丁田反又音田【南宮括】工活反南宮氏括名也馬本作南君【胥附】毛詩作疏附傳曰率下親上曰疏附鄭箋云疏附使疏者親也【奔走】奔又作本走又作奏音同詩傳云喻德宣譽曰奔奏鄭箋云奔走使人歸趨【先後】上悉薦反下戶豆反毛詩傳云

相導前後曰先後禦侮詩傳云武臣折衝曰禦侮又曰。無能往來茲迪彝教文王蔑德降于國人有五賢臣猶曰其少無所能往來而五人以此道法教文王以精微之德下政令於國人言雖聖人亦須良佐蔑徐亡結反亦惟純佑秉德迪知天威乃惟時昭文王文王亦如殷家惟天所大佑文王亦秉德蹈知天威乃惟是五人明文王之德迪見冒聞于上帝惟時受有殷命哉言能明文王德蹈行顯見覆冒下民彰聞上天惟是故受有殷之王命見賢遍反注同冒莫報反下同馬作勖勉也聞音問或如字【重言】聞于上帝本篇康誥武王惟茲四人尚迪有祿文王沒武王立惟此四人庶幾輔相武王蹈有天祿虢叔先死故曰四人相息亮反後暨武王誕將天威咸劉厥敵言此四人後與武王皆殺其敵謂誅紂【重意】誕將天威泰誓上肅將天威惟茲四人昭武王惟冒丕單稱德惟此四人明武王之德使布冒天下大盡舉行其德今在予小子

旦若游大川予往暨汝奭其濟小子同未在位

誕無我責我新還政今任重在我小子旦不能同於四人若游大川我往與汝奭其共濟渡成王同於未在位即政時汝大無非責我留〔重意〕若游大川微子若涉大水大誥若涉淵水收罔勗不及耇

造德不降我則鳴鳥不聞矧曰其有能格今與汝留輔成王欲收教無自勉不及道義者立此化而老成德不降意為之我周則鳴鳳不得聞況曰其有能格于皇天乎〔造〕才老反一音七到反〔鳴鳥〕馬云鳴鳥謂鳳凰也本或作鳴鳳者非

公曰嗚呼君肆其監于茲我受命無疆惟休亦大惟艱以朝臣無能立功至天故其當視於此我周受命無窮惟美亦大惟艱難不可輕忽謂之易治朝直遙反易以豉反〔重意〕我受命無疆惟休召誥惟王受命無疆惟休太甲實萬世無疆之休

告君乃猷裕我不以後人迷告君汝謀寬饒之道我留與汝輔王不用後人迷惑故欲教之

公曰前人敷乃心乃悉命汝作汝民極

前人文武布其乃心爲法度乃悉以命汝矣爲汝民立中正矣爲汝于僞反曰。汝明勗偶王。在
亶乘茲大命汝以前人法度明勉配王在於誠信行此大命而已亶丁但反惟文王德。
丕承無疆之恤惟文王聖德爲之子孫無忝厥祖大承無窮之憂公曰。君告。汝
朕允告汝以我之誠信保奭。其汝克敬。以予監于殷。喪大
否呼其官而名之勑使能敬以我言視於殷喪亡大否言其大不可不戒喪息浪反否方九反肆念我
天威。予不允惟若茲誥。予惟曰。襄我二人以殷喪大故當
念我天德可畏言命無常我不信惟若此誥我惟曰當因我文武之道而行之汝有合哉。言曰。在
時二人。天休滋至。惟時二人弗戡。言汝行事動當有所合哉發言常在
是文武則天美周家日益至矣惟是文武不勝受言多福戡音堪勝音升其汝克敬德。明我俊
民在讓。後人于丕時其汝能敬行德明我賢人在禮讓則後代將於此道大且是嗚

呼。篤棐時二人。我式克至于今日休言我厚輔是文武之道而行之我用能至于今日其政美我咸成文王功于不怠。丕冒海隅出日。罔不率俾今我周家皆成文王功于不懈怠則德教大覆冒海隅日所出之地無不循化而使之俾必耳反懈佳賣反 〔重言〕罔不率俾二 本篇武成 公曰。君予不惠若茲多誥。予惟用閔于天越民我不順若此多誥而已欲使汝念躬行之閔勉也我惟用勉於大道加於民 公曰嗚呼。君惟乃知民德亦罔不能厥初惟其終。惟汝所知民德亦無不能其初鮮能有終惟其終則惟君子戒召公以慎終鮮息淺反 〔重意〕其終下篇惟厥終 祗若茲往敬用治當敬順我此言自今以往敬用治民職事

蔡仲之命第十九　周書　孔氏傳

蔡叔既沒以罪放而卒 王命蔡仲。踐諸侯位。成王也父卒命子罪

不相及

作蔡仲之命冊書命之

蔡仲之命蔡國名仲字因以名篇

惟周公位冢宰。正百工。百官總已以聽冢宰謂武王崩時羣叔流言。乃致辟管叔于商。因蔡叔于郭鄰。以車七乘致法謂誅殺因謂制其出入郭鄰中國之外地名從車七乘言少管蔡國名〔辟〕婢亦反徐扶亦反〔乘〕繩證反〔從〕才用反降霍叔于庶人。三年不齒罪輕故退爲衆人三年之後乃齒録封爲霍侯子孫爲晉所滅蔡仲克庸祗德周公以爲卿士蔡仲能用敬德稱其賢也明王之法誅父用子言至公周公圻內諸侯二卿治事〔圻〕巨依反下同叔卒。乃命諸王。邦之蔡叔之所封圻內之蔡仲之所封淮汝之間圻內之蔡名已滅故取其名以名新國欲其戒之王若曰。小子胡言小子明當受教訓胡仲名順其事而告之〔重言〕小子胡二本篇惟爾率德改行。克慎厥猷言汝循祖之德改父之行能慎其道歎其賢〔行〕下孟反肆予命爾侯

于東土。往即乃封。敬哉以汝率德改行之故故我命汝爲諸侯於東土往就汝所封之
國當修已以敬哉封如字徐音甫用反重言敬哉五康誥二洛誥本篇君陳各一爾尚蓋前人
之愆。惟忠惟孝汝當庶幾修德掩蓋前人之過予能蓋父所以爲惟忠惟孝爾乃邁
迹自身。克勤無怠。以垂憲乃後汝乃行善迹用汝身使可蹤迹而法循之
能勤無懈怠以垂法子孫世世稱頌乃當我意率乃祖文王之彝訓。無若爾
考之違王命言當循文武之常教以父違命爲世戒重意率乃祖文王之彝訓太甲率乃祖之
攸行君牙率乃祖考之攸行皇天無親。惟德是輔。民心無常。惟
惠之懷天之於人無有親疎惟有德者則輔佐之民心於上無有常主惟愛已者則歸之重意皇天無親
上惟惠之懷太甲下皇天無親克敬惟親民罔常懷懷于有仁互注左僖公五年晉侯復假道於虞以伐虢宮之奇諫云
云公曰吾享祀豐絜神必據我對曰臣聞之鬼神非人是親惟
德是依故周書曰皇天無親惟德是輔又曰黍稷非馨明德惟

馨又曰民不易物惟德其物如是則非德民不和神不享矣神所馮依將在德矣爲善不同同歸
于治。爲惡不同。同歸于亂言人爲善爲惡各有百端未必正同而治亂所歸不殊宜
愼其微〔治〕直吏反〔重意〕爲善止于亂大甲下與治同道罔不興與亂同事罔不亡爾其戒哉愼
厥初惟厥終終以不困不惟厥終終以困窮汝其
戒治亂之機哉作事云爲必愼其初念其終則終用不困窮〔重言〕爾其戒哉二本篇君陳〔重意〕惟厥終君奭惟
其終懋乃攸績睦乃四鄰以蕃王室以和兄弟勉汝
所立之功親汝四鄰之國以蕃屏王室以和協同姓之邦諸侯之道〔懋〕音茂〔蕃〕芳元反往同〔重言〕以蕃王室又見微子
之命康濟小民率自中無作聰明亂舊章汝爲政當安小民之
居成小民之業循用大中之道無敢爲小聰明作異辯以變亂舊典文章詳乃視聽罔以側
言改厥度則予一人汝嘉詳審汝視聽非禮義勿視聽無以邪巧之言易其常度必

斷之以義則我一人善汝則予一人汝嘉康矣〔度〕如字注同〔斷〕丁亂反〔重意〕誥則予一人以懌

王曰嗚呼。小子胡汝往哉無荒棄朕命歎而勑之欲其念戒小子胡汝往之國哉無廢棄我命欲其終身奉行後世遵則〔重言〕小子胡二見篇首○汝往哉二本篇舜典

成王東伐淮夷遂踐奄成王即政淮夷奄國又叛王親征之遂滅奄而徙之以其數反覆〔踐〕似淺反馬同大傳云籍也〔數〕色角反

作成王政為平淮夷徙奄之政令亡〔政〕如字馬本作征云正

成王既踐奄。將遷其君於蒲姑已滅奄而徙其君及人臣之惡者於蒲姑蒲姑齊地近中國教化之〔蒲〕如字徐又扶各反馬本作薄〔近〕附近之近

周公告召公。作將蒲姑言將徙奄新立之君於蒲姑告召公使此冊書告令之亡

# 多方第二十　周書　孔氏傳

成王歸自奄伐奄歸在宗周。誥庶邦誥以禍福作多方。多

方衆方天下諸侯惟五月丁亥王來自奄至于宗周周公歸政
之明年淮夷奄又叛魯征淮夷作費誓王親征奄滅其國五月還至鎬京費音祕鎬胡老反周公曰王若
曰猷告爾四國多方周公以王命順大道告四方稱周公以別王自告別彼列反惟
爾殷侯尹民我惟大降爾命爾罔不知殷之諸侯正民者我
大下汝命謂誅紂也言天下無不知紂暴虐以取亡洪惟圖天之命弗永寅念
于祀惟帝降格于夏大惟爲王謀天之命不長敬念于祭祀謂夏桀惟天下至戒於夏以
譴告之謂災異譴棄戰反有夏誕厥逸不肯慼言于民有夏桀不畏天戒而
大其逸豫不肯憂言於民無憂民之言乃大淫昏不克終日勸于帝之
迪言桀乃大爲過昏之行不能終日勸於天之道迪徒歷反馬本作攸云所也行下孟反乃爾攸聞
言桀之惡乃汝所聞厥圖帝之命不克開于民之麗桀其謀天之命不能

開於民所施政教麗施也言昏昧麗力馳反乃大降罰崇亂有夏因甲于內亂桀乃大下罰於民重亂有夏言殘虐外不憂民內不勤德因甲於二亂之內言昏甚重直用反又直龍反不克靈承于旅罔丕惟進之恭洪舒于民言桀不能善奉於人衆無大惟進恭德不而大舒惰於治民亦惟有夏之民叨懫日欽劓割夏邑桀洪舒於民故亦惟有夏之民貪叨忿懫而逆命於是桀日尊敬其能劓割夏邑者謂殘賊臣懫勑二反說文之二反劓魚器反天惟時求民主乃大降顯休命于成湯天惟是桀惡故更求民主以代之大下明美之命於成湯使王天下刑殄有夏惟天不畀純命湯刑絕有夏惟天下與桀亦已大畀必二反乃惟以爾多方之義民不克永于多享天所以不與桀以其乃惟用汝多方之義民爲臣而不能長久多享國故惟夏之恭多士大不克明保享于民惟桀之所謂恭人衆士大不能明安享于民言

亂主所任任同己者乃胥惟虐于民。至于百爲。大不克開桀之衆士乃相與惟暴虐於民至於百端所爲言虐非一大不能開民以善言與桀合志乃惟成湯克以爾多方簡代夏作民主。乃惟成湯能用汝衆方之賢大代夏政爲天下民主愼厥麗乃勸。厥民刑用勸湯愼其施政於民民乃勸善其人雖刑亦用勸善言政刑清以至于帝乙。罔不明德愼罰。亦克用勸言自湯至于帝乙皆能成其王道畏愼輔相無不明有德愼去刑罰亦能用勸善〔相〕息亮反〔去〕羌呂反〔重言〕亦克用勸二見下文〔重意〕以至于帝乙罔不明德愼罰多士自成易至于帝乙罔不明德恤祀要囚殄戮多罪。亦克用勸。開釋無辜。亦克用勸帝乙已上要察囚情絕戮衆罪亦能用勸善開放無罪之人必無枉縱亦能用勸善〔要〕一遙反又一妙反注同〔殄〕亭遍反〔上〕時掌反今至于爾辟。弗克以爾多方。享天之命今至于汝君謂紂不能用汝衆方享天之命故誅滅之〔辟〕必亦反

多方

【重言】享天之命二見下文 嗚呼。王若曰。誥告爾多方。非天庸釋有夏。歎而順其事以告汝衆方非天用釋棄桀桀縱惡自棄故誅放 非天庸釋有殷。乃惟爾辟以爾多方大淫圖天之命。屑有辭 非天用棄有殷乃惟汝君紂用汝衆方大爲過惡者共謀天之命惡事盡有辭説布在天下故見誅滅 乃惟有夏圖厥政不集于享天降時喪有邦間之 更説桀也言桀謀其政不成于享故天下是喪亡以禍之使天下有國聖人代之言有國明皇天無親佑有德【閒】閒則之閒 【重言】圖厥政三本篇二君陳一 乃惟爾商後王。逸厥逸 後王紂逸豫其過逸言縱恣無度 圖厥政。不蠲烝。天惟降時喪 紂謀其政不絜進于善故天惟下是喪亡謂誅滅【蠲】吉玄反馬云明也一音圭【烝】絶句之承反馬云升也 惟聖罔念作狂。惟狂克念作聖 惟聖人無念於善則爲狂人惟狂人能念於善則爲聖人言桀紂非實狂愚以不念善故滅亡 天惟五年須暇之子孫誕作民主罔可念聽天以湯故五年須暇湯之子孫冀其改悔而紂大爲民主肆行無道事無可念言無可聽武王服喪三年還師二年天惟求爾多方大動以威開厥顧天天惟求汝衆方之賢者大動紂以威開其能顧天可以代者惟爾多方罔堪顧之惟我周王靈承于旅惟汝衆方之中無堪顧天之道者惟我周王善奉於衆言以仁政得人心〔重意〕惟我周王靈承于旅多士今惟我周王丕靈承帝事克堪用德惟典神天言周文武能堪用德惟可以主神天之祀任天王〔任〕音壬天惟式教我用休簡畀殷命尹爾多方天以我用德之故惟用教我用美道代殷大與我殷之王命以正汝衆方之諸侯〔畀〕并至反今我曷敢多誥我惟大降爾四國民命今我何敢多誥汝而已我惟大下汝四國民命謂誅管蔡商奄之君〔重意〕我惟大降爾四國民命多士予大降爾四國民命爾曷不忱裕之于爾多方

汝何不以誠信行寬裕之道於汝衆方欲其戒四國崇和協 爾曷不夾介乂我周王。享天之命 夾近也汝何不近大見治於我周王以享天之命而爲不安乎夾音協注同 重言 享天之命二見本篇上文 今爾尚宅爾宅。畋爾田。爾曷不惠王熙天之命 今汝殷之諸侯皆尚得居汝常居臣民皆尚得畋汝故田汝何不順從王政廣天之命而自懷疑乎 爾乃迪屢不靜。爾心未愛 汝所蹈行數爲不安汝心未愛我周故數色角反 爾乃不大宅天命。爾乃屑播天命 汝乃不大居安天命是汝乃盡播棄天命是汝未愛我周播棄天命是汝乃自爲不常謀信于正道 爾乃自作不典。圖忱于正 汝未愛我周播棄天命是汝乃自爲不常謀信于正道 我惟時其教告之。我惟時其戰要囚之 我惟汝如是不謀信于正道故其教告之謂訊以文誥其戰要囚之謂討其倡亂執其朋黨要一遙反訊音信倡音唱 至于再。至于三 再謂三監淮夷叛時三謂成王即政又叛言迪屢不静之事 乃有不用我降爾

命我乃其大罰殛之 我教告戰要囚汝已至再三汝其有不用我命我乃大下誅汝君乃其大罰誅之 殛紀力反本又作極 非我有周秉德不康寧乃惟爾自速辜 非我有周執德不安寧自誅汝乃惟汝自召罪以取誅 王曰嗚呼猷告爾有方多士暨殷多士 王歎而以道告汝衆方與殷多士 今爾奔走臣我監五祀 監謂成周之監此指謂所遷頑民殷衆士今汝奔走來徙臣我我監五年無過則得還本土 越惟有胥伯小大多正爾罔不克臬 於惟有相長事小大衆正官之人汝無不能用法欲其皆用法 臬魚列反馬本作劓 長丁丈反 自作不和爾惟和哉爾室不睦爾惟和哉爾邑克明爾惟克勤乃事 小大多正自爲不和汝有方多士當和之哉汝親近室家不睦汝亦當和之哉汝邑中能明是汝惟能勤汝職事 爾尚不忌于凶德亦則以穆穆在乃位 汝庶幾不自忌入于凶德亦則用敬敬常

在汝位克閲于乃邑謀介。爾乃自時洛邑。尚永力畋爾田汝能使我閲具于汝邑而以汝所謀爲大則汝乃用是洛邑庶幾長力畋汝田矣言雖遷徙而以修善得反邑里閲音悦天惟畀矜爾。我有周惟其大介賚爾汝能修善天惟與汝憐汝我有周惟其大大賜汝言受多福之祚(重言)天惟畀矜爾二本篇多士迪簡在王庭。尚爾事。有服在大僚非但受憐賜又乃蹈大道在王庭庶幾修汝事有所服行在大官○(重意)迪簡在王庭尚爾事有服在大僚多士篇迪簡在王庭有服在百僚王曰。嗚呼。多士。爾不克勸忱我命。爾亦則惟不克享。凡民惟曰不享王勸而言曰衆士汝不能勸信我命汝亦則惟不能享天祿矣凡民亦惟曰不享於汝祿矣(重言)凡民惟曰不享二前見洛誥爾乃惟逸惟頗。大遠王命。則惟爾多方。探天之威。我則致天之罰。離逖爾土若爾乃爲逸豫頗僻大棄王命則惟汝衆方取天之威我則致行天罰離遠汝土將遠徙之頓破多反探吐南反辟匹亦反 重意 我則致天之罰 多士予亦致天之罰 湯誓致天之罰

王曰我不惟多誥我惟祇告爾命 我不惟多誥汝而已我惟敬告汝吉凶之命 又曰時惟爾初不克敬于和 則無我怨 又誥汝是惟汝初不能敬于和道故誅汝汝無我怨解所以再三加誅之意

## 立政第二十一 周書 孔氏傳

周公作立政 周公既致政成王恐其怠忽故以君臣立政爲戒 立政 言用臣當共立政故以名篇

周公若曰拜手稽首告嗣天子王矣 順古道盡禮致敬告成王言嗣天子今已爲王矣不可不慎盡津忍反下同 重言 拜手稽首四 召誥一 一本篇二 用咸戒于王曰王左右常伯常任準人綴衣虎賁 周公用王所立政之事皆戒於王曰常所長事常所委任謂三公六卿準人平法謂士官綴衣掌衣服虎賁以武力事王皆左右近臣宜得其人也

而愼反〔隼〕之允反〔綴〕徐丁衛反又丁劣反〔賁〕音奔〔長〕丁丈反〔除〕篇末文注以長音直良反餘並同 周公曰。嗚呼。休茲。知恤鮮哉 歎此五者立政之本知憂得其人者少〔鮮〕息淺反 古之人迪惟有夏。乃有室大競。籲俊尊上帝 古之人道惟有夏禹之時乃有卿大夫室家大強猶乃招呼賢俊與共尊事上天〔籲〕音喻 迪知忱恂于九德之行。禹之臣蹈知誠信於九德之行謂賢智大臣九德皐陶所謀〔忱〕市林反〔恂〕音荀〔行〕如字徐下孟反 〔重意〕迪知忱恂于九德之行皐陶謨亦行有九德 乃敢告教厥后曰。拜手稽首后矣。曰宅乃事。宅乃牧。宅乃準。茲惟后矣 知九德之臣乃敢告教其君以立政君矣亦猶王矣宅居也居汝事六卿掌事者牧牧民九州之伯居內外之官及平法者皆得其人則此惟君矣 謀面用丕訓德。則乃宅人。茲乃三宅無義民 謀所面見之事無疑則能用大順德乃能居賢人于衆官若此則乃能三居無義民大罪宥之四裔次九州之外次中國之外 桀德惟乃弗作往任是惟暴德罔後。桀之爲德惟乃不爲其先王之法往所委任是惟暴德之人故絕世無後亦越成湯陟丕釐上帝之耿命。桀之昏亂亦於成湯之道得升大賜上天之光命王天下〔釐〕力之反〔耿〕工迥反徐公頴反又公永反下同〔王〕往況反下王有同乃用三有宅克即宅。曰三有俊克即俊。湯乃用三有居惡人之法能使就其居言服罪又曰能用剛柔正直三德之俊能就其俊事言明德嚴惟丕式克用三宅三俊。言湯所以能嚴威惟可大法象者以能用三居三德之法其在商邑用協于厥邑。其在四方用丕式見德。湯在商邑用三宅三俊之道和其邑其在四方用是大法見其聖德言遠近化〔見〕賢遍反下注同嗚呼其在受德暋惟羞刑暴德之人同于厥邦。受德紂字帝乙愛焉爲作善字而反大惡自強惟進用刑與暴德之人同于其國並爲威虐受德馬云受所爲德也〔暋〕眉謹反徐亡巾反一音閔〔爲〕〔作〕上于僞反下爲之同〔強〕其丈反乃惟庶習逸德

之人同于厥政乃惟衆習爲過德之人同于其政言不任賢帝欽罰之乃
伻我有夏式商受命奄甸萬姓天以紂惡故敬罰之乃使我周家王有華夏得用商所受天命同治萬姓言皇天無親佑有德伻普耕反徐敷耕反又甫耕反重言式商受命二一見仲虺亦
越文王武王克知三有宅心灼見三有俊心紂之
不善亦於文武之道大行以能知三有居惡人之心灼然見三有賢俊之心以敬事上帝立民
長伯言文武知三宅三俊故能以敬事上天立民正長謂郊祀天建諸侯立政任人準夫
牧作三事文武亦法禹湯以立政常任準人及牧治爲天地人之三事虎賁綴衣
趣馬小尹趣馬掌馬之官言此三者雖小官長必慎擇其人趣七口反左右攜僕
百司庶府雖左右攜持器物之僕及百官有司主券契藏吏亦皆擇人券音勸契苦計反藏才浪反大
都小伯藝人表臣百司小臣猶皆慎擇其人況大都邑之小長以道藝爲表幹之臣及

百官有司之職可以非其任乎 太史尹伯庶常吉士 太史下大夫掌邦六典之貳尹伯長
官大夫及衆掌常事之善士皆得其人 司徒司馬司空亞旅 此有三卿及次卿衆大夫
則是文武未伐紂時舉文武之功以為法則 重言 司徒司馬司空亞旅三牧誓本篇梓材亞旅作尹旅 夷微
盧烝三亳阪尹 蠻夷微盧之衆師及亳人之歸文王者三所為之立監及阪地之尹長皆用賢阪音
反 文王惟克厥宅心乃克立茲常事司牧人以克
俊有德 文王惟其能居心遠惡舉善乃能立此常事司牧人用能俊有德者遠于萬反 文王罔攸
兼于庶言庶獄庶慎惟有司之牧夫 文王無所兼知於毀譽衆言及
衆刑獄衆當所慎之事及惟慎擇有司牧夫而已勞于求才逸於任賢譽音餘又如字 重言 惟有司之牧夫又篇末○
庶獄庶慎又下文三 是訓用違庶獄庶慎文王罔敢知于茲
是萬民順法用違法衆獄衆慎之事文王一無敢自知於此委任賢能而已 亦越武王率惟敉

功。不敢替厥義德亦於武王循惟文王撫安天下之功不敢廢其義德奉導父道【敉】亡婢反率惟謀從容德以。並受此丕丕基武王循惟謀從文王寬容之德故君臣以並受此大大之基業傳之子孫傳直專反【重意】以並受此丕丕基大誥弼我丕丕基嗚呼孺子王矣歎稚子今以為王矣不可不勤法祖考之德【重言】孺子王矣三下文二繼自今我其立政。立事準人。牧夫。我其克灼知厥若。丕乃俾亂繼自今已往我其立政大臣立事小臣及準人牧夫我其能灼然知其順者則大乃使治之言知臣下之勤勞然後莫不盡心力【俾】必爾反下同【重言】立政立事二重見下文相我受民。和我庶獄庶慎。時則勿有間之能治我所受天民和平我衆獄衆慎之事如是則勿有以代之言不可復變【相】如字馬息亮反下勱相同【間】閒廁之間自一話一言。我則末惟成德之彥。以乂我受民言政當用一善善在一言而已欲其口無擇言如此我則終惟有成德之美以治我所受之民【話】戶

二九一

怪反

嗚呼。予旦已受人之徽言。咸告孺子王矣歎所受賢聖說禹湯之美言皆以告稚子王矣稚直吏反亦作穉

繼自今文子文孫。其勿誤于庶獄庶慎。惟正是乂之文子文孫文王之子孫從今以往惟以正是之道治衆獄衆慎其勿誤

自古商人。亦越我周文王。立政立事。牧夫準人。則克宅之。克由繹之。茲乃俾乂言用古商湯亦於我周文王立政立事用賢人之法能居之於心能用陳之此乃使天下治繹音亦

國則罔有立政用憸人。不訓于德。是罔顯在厥世商周賢聖之國則無有立政用憸利之人者憸人不順於德是使其君無顯名在其世憸息廉反徐七漸反本作[illegible]同憸利之人馬云憸利佞人也

繼自今立政。其勿以憸人。其惟吉士。用勱相我國家立政之臣惟以吉士用勉治我國家勱音邁 重言 其惟吉士二本篇景命

今文子文孫孺子王

矣即政爲王矣所以導戒告文王之子孫言稚子以其勿誤于庶獄惟有司之牧夫獨言衆獄有司欲其重刑慎官人重言惟有司之牧夫二見上文其克詰爾戎兵以陟禹之迹其當能治汝戎服兵器威懷並設以升禹治水之舊迹詰起一反馬云實也方行天下至于海表罔有不服方四方海表蠻夷戎狄無有不服化者以覲文王之耿光以揚武王之大烈能使四夷賓服所以見祖之光明揚父之大業嗚呼繼自今後王立政其惟克用常人其惟能用賢才爲常人不可以天官有所私周公若曰太史順其事并告太史司寇蘇公式敬爾由獄以長我王國忿生爲武王司寇封蘇國能用法敬汝所用之獄以長施行於我王國言主獄當求蘇公之比田必二反又如字茲式有慎以列用中罰此法有所慎行必以其列用中罰不輕不重蘇公所行太史掌六典有廢置官人之制故告之慎行如字

監本纂圖重言重意互註尚書卷第十

# 監本纂圖重言重意互註尚書卷第十一

周書　孔氏傳

## 周官第二十二

成王既黜殷命。滅淮夷。黜殷在周公東征時，滅淮夷在成王即政後，事相因，故連言之。還歸在豐。作周官。成王雖作洛邑，猶還西周。還音旋，徐音全。周官言周家設官分職用人之法。惟周王撫萬邦。巡侯甸。即政撫萬國，巡行天下侯服甸服。行，下孟反。四征弗庭。綏厥兆民。四面征討諸侯之不直者，所以安其兆民。十億曰兆，言多。六服羣辟。罔不承德。歸于宗周。董正治官。六服諸侯奉承周德，言協服。還歸於豐，督正治理職司之百官。辟，必亦反。治，直吏反，下至冢宰經注同。王曰。若昔大猷。制治于未亂。保邦于未危。言當順古大道，制治安國，必于未亂未危之前，思患預防之。曰。唐虞稽古。建官惟百。內有百揆四岳。外有州牧侯伯道堯舜考古以建百官內置百揆四岳象天之有五行外置州牧十二及五國之長上下相維外內咸治言有法【長】丁丈反下官長助長君長同【重意】唐虞稽古見堯典舜典大禹臯陶若稽古庶政惟和。萬國咸寧官職有序故衆政惟和萬國皆安所以為至治【重意】萬國咸寧大禹謨萬邦咸寧洛誥冏命萬邦咸休夏商官倍。亦克用乂禹湯建官二百亦能用治言不及唐虞之清要明王立政。不惟其官。惟其人言聖帝明王立政修教不惟多其官惟在得其人○【重意】不惟其官惟其人咸有一德左右惟其人又下文官不必備惟其人今予小子。祗勤于德。夙夜不逮今我小子敬勤於德雖夙夜匪懈不能及古人言自有極【逮】音代又大計反【懈】佳賣反【重言】今予小子二君奭本篇仰惟前代時若。訓迪厥官言仰惟先代之法是順訓蹈其所建官而則之不敢自同堯舜之官準擬夏殷而蹈之立太師太傅太保。茲惟三公。論道經邦。燮理陰陽師天子所師法傅傅相天子保保安天子於德茲我者此惟三公之任佐王論道以經緯國事和理陰陽言有德乃堪之燮素協反相息亮反官不必備惟其人三公之官不必備員惟其人有德乃處之處昌慮反少師少傅少保曰三孤此三官名曰三孤孤特也言卑於公尊於卿特置此三者少詩照反下同貳公弘化寅亮天地弼予一人副貳三公弘大道化敬信天地之教以輔我一人之治重言弼予一人二前見泰誓又奉予一人湯誓予一人微子之命毗予一人冢宰掌邦治統百官均四海天官卿稱太宰主國政治統理百官均平四海之內邦國言任大重意統百官說命總百官司徒掌邦教敷五典擾兆民地官卿司徒主國教化布五常之教以安和天下衆民使小大協睦擾而小反徐又音饒重意數五典君牙弘敷五典舜典慎徽五典宗伯掌邦禮治神人和上下春官卿宗廟官長主國禮治天地神祇人鬼之事及國之吉凶軍賓嘉五禮以和上下尊卑等列司馬掌邦政統六師平邦國夏官卿主戎馬之事掌國征伐統正

六軍平治王邦四方國之亂者重意統六師嗣征掌六師司寇掌邦禁詰姦慝刑暴亂秋官卿士寇賊法禁治姦惡刑強暴作亂者夏司馬討惡助長物秋司寇刑姦順時殺慝吐得反司空掌邦土居四民時地利冬官卿士國空土以居民上農工商四人使順天時分地利授之土能吐生百穀故曰土六卿分職各率其屬以倡九牧阜成兆民六卿各率其屬官大夫士治其所分之職以倡導九州牧伯爲政大成兆民之性命皆能其官則政治倡尺亮反下同阜音負治直吏反六年五服一朝五服侯甸男采衛六年一朝會京師朝直遥反又六年王乃時巡考制度于四岳周制十二年一巡守春東夏南秋西冬北故曰時巡考正制度禮法于四岳之下如虞帝巡守然守音狩下同本亦作狩重意又六年王乃時巡舜典五載一巡守諸侯各朝于方岳大明黜陟覲四方諸侯各朝于方岳之下大明考績黜陟之法黜丑律反貶下也重意諸侯各朝于方岳舜典羣后四朝。大明黜陟舜典黜陟幽明王曰嗚呼。

凡我有官君子。欽乃有司。慎乃出令。令出惟行。弗惟反。有官君子大夫已上。歎而戒之。使敬汝所司。慎汝出令。從政之本。令出必惟行之。不惟反改。若二三其令。亂之道。(上)時掌反以公滅私。民其允懷。從政以公平滅私情。則民其信歸之學古入官。議事以制。政乃不迷。言當先學古訓。然後入官治政。凡制事必以古義議度。終始政乃不迷錯。度。徒洛反其爾典常作之師。無以利口亂厥官。其汝為政。當以舊典常故事為師法。無以利口辯佞亂其官蓄疑敗謀。怠忽荒政。積疑不決。必敗其謀。怠惰忽畧。必亂其政。人而不學。其猶正牆面而立。臨政事必煩。蓄。勑六反。蒞。音利。又音類不學牆面。蒞事惟煩。戒爾卿士。功崇惟志。業廣惟勤。惟克果斷。乃罔後艱。此戒凡有官位。但言卿士。舉其掌事者。功高由志。業廣由勤。惟能果斷行事。乃無後難。言多疑必致患。斷。丁亂反。下注同位不期驕。祿不期侈。貴不與驕期而驕自至富不與侈期而侈自來驕侈以行己所以速亡恭儉惟德。無載爾僞言當恭儉惟以立德無行姦僞作德心逸日休。作僞心勞日拙爲德直道而行於心逸豫而名日美爲僞飾巧百端於心勞苦而事日拙不可爲居寵思危。罔不惟畏弗畏入畏。言雖居貴寵當思危懼無所不畏若乃不畏則入可畏之刑推賢讓能。庶官乃和。不和政厖賢能相讓俊乂在官所以和諧厖亂也厖武江反舉能其官。惟爾之能。稱匪其人。惟爾不任所舉能修其官亦惟汝之功能舉非其人亦惟汝之不勝其任勝音升王曰。嗚呼。三事暨大夫。敬爾有官。亂爾有政歎而勑之公卿已下各敬居汝所有之官治汝所有之職以佑乃辟。永康兆民。萬邦惟無斁言當敬治官政以助汝君長安天下兆民則天下萬國惟乃無厭我周德斁音亦長直良反厭於豔反成王既伐東夷。肅愼來賀海東諸夷騶麗扶餘馯貊之屬武王克商皆通道焉成王即政而叛王伐而服之故肅愼氏來賀肅愼馬本作息愼云北夷也騶側俱反又如字麗力支反馯戶旦反地理志音寒貊孟白反說文作貉北方豸種孔子曰貉之言貊貊惡也王俾榮伯作賄肅愼之命榮國名同姓諸侯爲卿大夫王使之爲命書以幣賄賜肅愼之夷○俾必爾反馬本作辨

周公在豐致政老歸將沒欲葬成周已所營作示始終念之公薨成王葬于畢不敢臣周公故使近文武之墓近附近之近告周公作亳姑周公徙奄君於亳姑因告柩以葬畢之義幷及奄君已定亳姑言所遷之功成○柩其久反

君陳第二十三　周書　孔氏傳

周公既沒命君陳分正東郊成周成王重周公所營故命君陳分居正東郊成周之邑里官司君陳鄭注禮記云周公之子作君陳作書命之君陳臣名也因以名篇

王若曰君陳惟爾令德孝恭言其有令德善事父母行己以恭惟孝

友于兄弟克施有政言善父母者必友于兄弟能施有政令命汝尹茲東郊敬哉正此東郊監殷頑民敎訓之監工銜反重意尹茲東郊微子之命尹茲東夏重言敬哉五康誥二洛誥蔡仲之命本篇各一又皐陶謨敬哉有上昔周公師保萬民。民懷其德。往愼乃司茲率厥常言周公師安天下之民民歸其德今往承其業當愼汝所主此循其常法而教訓之懋昭周公之訓。惟民其乂勉明周公之教惟民其治懋音茂我聞曰至治馨香感于神明黍稷非馨。明德惟馨。所聞上古聖賢之言政治之至者芬芳馨氣動於神明所謂芬芳非黍稷之氣乃明德之馨勵之以德治直吏反下住政治同重言我聞曰六無逸二康誥多士本篇畢命各一重意至治馨香感于神明酒誥弗惟德馨香祀登聞于天呂刑罔有馨香德刑發聞惟腥互註見前蔡仲之命爾尚式時周公之猷訓惟日孜孜無敢逸豫汝庶幾用是周公之道教殷民惟當日孜孜勤行之無敢自寬

暇逸豫〔孜〕音兹【重意】惟日孜孜益稷予思日孜孜 凡人未見聖。若不克見。既

見聖亦不克由聖此言凡人有初無終未見聖道如不能得見已見聖道亦不能用之所以無成

爾其戒哉爾惟風下民惟草汝戒勿爲凡人之行民從上教而變猶草應風而偃

不可不慎行下孟反下德行同〔應〕應對之應【重言】爾其戒哉二前見泰誓 【圖】厥政莫或不

艱有廢有興。出入自爾師虞。庶言同則繹。謀其政無

有不先慮其難有所廢有所起出納之事當用汝衆言度之衆言同則陳而布之禁其專〔繹〕音亦〔度〕待洛反 【重言】圖厥

政三多方二本篇一【五註】記緇衣君陳曰出入自爾師虞庶言同注云言出內政教尚由汝衆之所謀度衆言同乃行之

政教當由一也 爾有嘉謀嘉猷。則入告爾后于內。爾乃順

之于外。汝有善謀善道則入告汝君於內汝乃順行之於外 曰。斯謀斯猷。惟我后

之德。此善謀此善道惟我君之德善則稱君人臣之義 嗚呼。臣人咸若時。惟

良顯哉歎而美之曰臣於人者皆順此道是惟良臣則君顯明於世【重言】臣人咸若時皐陶謨咸若時

【互註】記坊記子云善則稱君過則稱己則民作忠君陳曰爾有嘉謀嘉猷入告爾君于內女乃順之于外曰此謀此猷惟我君之德於乎是惟良顯哉注云美君之德

王曰。君陳。爾惟弘周公丕訓汝爲政當闡大周公之大訓無秉勢位作威人上無倚法制以行刻削之政無依勢作威。無倚法以削寬而有制從容以和寬不失制動不失和德教之治從七容反

殷民在辟予曰辟爾惟勿辟予曰宥爾惟勿宥。惟厥中殷人有罪在刑法者我曰刑之汝勿刑我曰赦宥汝勿宥惟其當以中正平理斷之【辟】婢亦反下同中如字或丁仲反【斷】丁亂反【重意】惟厥中大禹謨允執厥中民協于中呂刑故乃明于刑之中

有弗若于汝政。弗化于汝訓辟以止辟乃辟有不順於汝政不變於汝教刑之而懲止犯刑者乃刑之狃于姦宄敗常亂俗三細不宥習於姦宄凶惡毀敗

五常之道以亂風俗之教罪雖小二犯不赦所以絕惡源徂女九反爾無忿疾于頑無求

備于一夫人有頑嚚不喻汝當訓之無忿怒疾之使人當器之無責備于一夫重意無求備于一夫伊訓

與人不求備必有忍其乃有濟有容德乃大爲人君長必有所含忍其

乃有所成有所包容德乃爲大欲其忍恥藏垢長誅丈反簡厥修亦簡其或不修簡別

其德行修者亦別其有不修者善以勸能惡以沮否別彼列反沮在汝反否方九反又音鄙進厥良以

率其或不良進顯其賢良者以率勉其有不良者使爲善惟民生厚因物

有遷言人自然之性敦厚因所見所習之物有變遷之道故以慎所以示之違上所命從

厥攸好人之於上不從其令從其所好故人主不可不慎所好好呼報反爾克敬典在

德時乃罔不變允升于大猷汝治人能敬常在道德是乃無不變化其政教

則信升于大道惟予一人膺受多福汝能升大道則惟我一人亦當受其多福無凶危

重言　惟予一人二本篇康王之誥又景命惟予一人無良　重意　惟予一人膺受多福畢命予小子永膺多福其

爾之休。終有辭於永世　非但我受多福而已其汝之美名亦終見稱誦於長世沒而不朽長如字朽許久反

# 顧命第二十四　周書　孔氏傳

成王將崩。命召公畢公。二公爲二伯中分天下而治之治直吏反率諸侯相康王。作顧命　臨終之命曰顧命相息亮反顧工戶反命馬云成王將崩顧念康王命召公畢公率諸侯輔相之

顧命　實命羣臣敘以要言惟四月哉生魄。王不懌。成王崩年之四月始生魄月十六日王有疾故不悅懌懌音亦馬本作不釋云不釋疾不解也　重意　惟四月哉生魄武成厥四月哉生明康誥惟三月哉生魄甲子。王乃洮頮水。相被冕服。憑玉几。王大發大命臨羣臣必齋戒沐浴今疾病故但洮盥頮面扶相者被以冠冕加朝服憑玉几以出命洮他刀反徐音逃馬云洮

䬲髮也䫴音悔說文作沬云古文作頮馬云頮頮面也㓖皮義反徐扶僞反注同憑皮冰反下同說文作凭云依几也字林同父冰反齊側皆反盥音管又音灌朝直遥反

重言 憑玉几二 重見篇末

乃同召太保奭芮伯彤伯畢公衛侯毛公同召六卿下至御治事太保畢毛稱公則三公矣此先後六卿次第冢宰第一召公領之司徒第二芮伯爲之宗伯第三彤伯爲之司馬第四畢公領之司寇第五衛侯爲之司空第六毛公領之召芮彤畢衛毛皆國名入爲天子公卿奭音釋芮如鋭反彤徒冬反

師氏虎臣百尹御事師氏大夫官虎臣虎賁氏百尹百官之長及諸御治事者賁音奔長丁丈反

王曰嗚呼疾大漸惟幾自歎其疾大進篤惟危殆幾音機徐音譏下同

病日臻既彌留恐不獲誓言嗣兹予審訓命汝病日至言困甚已久留言無瘳恐不得結信出言嗣續我志以此故我詳審教命汝瘳勑留反

昔君文王武王宣重光奠麗陳教則肄言昔先君文武布其重光累聖之德定天命施陳教則勤勞重光上直龍反馬云日月星也大

極上元十一月朔日冬至日月如疊璧五星如連珠故曰重光麗力馳反肄以至反又音以制反【重意】宣重光舜典重
華協于帝肄不違用克達殷集大命文武定命陳教雖勞而不違道故能通殷
爲周成其大命在後之侗敬迓天威嗣守文武大訓無敢
昏逾在文武後之侗稚成王自斥敬迓天之威命言奉順繼守文武大教無敢昏亂逾越言戰慄畏懼侗徐音同又
勑動反馬本作詷云共也斥昌亦反【重意】嗣守文武大訓君牙嗣守文武成康遺緒今天降疾殆
弗興弗悟爾尚明時朕言今天下疾我身甚危殆不起不悟言必死汝當庶幾
明是我言勿忽畧用敬保元子釗弘濟于艱難用奉我言敬安太子釗釗
康王名大渡於艱難勤德政釗姜遼反又音昭徐之肴反柔遠能邇安勸小大庶邦
言當和遠又能和近安小大衆國勸使爲善【重言】柔遠能邇三舜典本篇文侯思夫人自亂
於威儀爾無以釗冒貢于非幾羣臣皆宜思夫人夫人自治正於威儀有

威可畏有儀可象然後足以率人汝無以釗冒進于非危之事
夫人如字注同冒亡報反一音墨馬鄭王作勗貢如字馬鄭王作贛音紡用反馬云陷也茲既受命還此羣臣已受顧命各還本位出綴衣于
庭越翼日乙丑王崩綴衣幄帳羣臣既退徹出幄帳於庭王寢於北墉下東首反初生於
其明日王崩出如字徐尺遂反綴丁衛反下同王崩馬本作成王崩注云安民立政曰成幄於角反下同墉音容本亦作牖首
手又反太保命仲桓南宮毛冢宰攝政故命二臣桓毛名俾爰齊侯
呂伋以二干戈虎賁百人逆子釗於南門之外
臣子皆侍左右將正太子之尊故出於路寢門外使桓毛二臣各執干戈於齊侯呂伋索虎賁百人更新逆門外所以殊之伋
爲天子虎賁氏俾必爾反伋居及反齊侯名太公子延入翼室恤宅宗明室路寢延之使居
憂爲天下宗主丁卯命作冊度三日命史爲冊書法度傳顧命於康王度舊音田洛反恐誤注云作
冊書法度音宜如字傳直專反越七日癸酉伯相命士須材邦伯爲相則召

公於丁卯七日癸酉召公命士致材木須待以供喪用相息亮反供音恭狄設黼扆綴衣狄下
士扆屏風畫爲斧文置戶牖間復設幄帳象平生所爲黼音甫徐音補扆於豈反屏步經反畫胡卦反牖音酉復扶又反牖
間南嚮敷重篾席黼純華玉仍几篾桃枝竹白黑雜繒緣之華彩
色華玉以飾憑几仍因也因生時几不改作此見羣臣覲諸侯之坐嚮許亮反篾眠結反馬云纖蒻純之允反又之閏反下同
緣悅絹反本或作純西序東嚮敷重底席綴純文貝仍几東西
廂謂之序底蒻苹綴雜彩有文之貝飾几此旦夕聽事之坐底之履反馬云青蒲也蒻音弱苹音平東序西嚮
敷重豐席畫純雕玉仍几豐莞彩色爲畫雕刻鏤此養國老饗羣臣之坐豐芳
弓反莞音官又音關鏤來豆反西夾南嚮敷重筍席玄紛純漆仍
几西廂夾室之前筍蒻竹玄紛黑綬此親屬私宴之坐故席几質飾夾工洽反徐音頰注同筍息允反馬云筍箬也徐
云竹子竹爲席于貧反紛孚云反漆音七徐七利反綬音受越玉五重陳寶於東西序坐北列玉

五重又陳先王所寶之器物(藏)馬云越地所獻玉也重直容反赤刀大訓弘璧琬琰在

西序。寶刀赤刀削大訓虞書典謨大璧琬琰之珪爲二重(琬)紆晚反(琰)以冉反(削)音笑大玉夷玉

天球河圖在東序。三玉爲三重夷常也球雍州所貢河圖八卦伏犧氏王天下龍馬出河遂

則其文以畫八卦謂之河圖及典謨皆歷代傳寶之夷玉馬云越地東夷之美玉說文夷玉即珣玗琪(球)音求馬云玉磬(雍)於

用反本亦作邕胤之舞衣大貝鼖鼓在西房。胤國所爲舞者之衣皆中法大

貝如車渠鼖鼓長八尺商周傳寶之西房西夾坐東(鼖)扶云反注同(中)丁仲反(車渠)上尺遮反車渠車輞也

戈和之弓垂之竹矢在東房。兌和古之巧人垂舜共工所爲皆中法故亦傳

寶之東房東廂夾室兌徒外反(共)音恭大輅在賓階面綴輅在阼階面

大輅玉綴輅金面前皆南向阼才故反向許亮反先輅在左塾之前次輅在

右塾之前先輅象次輅木金玉象皆以飾車木則無飾皆在路寢門內左右塾前北面凡所陳列皆象成

王生時華國之事所以重顧命埶音執一音胄直冄反二人雀弁執惠立于畢門之内。士衛殯與在廟同故雀韋弁惠三隅矛路寢門一名畢門弁皮彥反徐扶變反四人綦弁執戈上刃夾兩階戺。綦文鹿子皮弁亦士堂廉曰戺士所立處綦音其馬本作騏戺仕黑戺夾徐工洽反戺音俟徐音士廉力占反稜也一人冕執劉立于東堂。一人冕執鉞立于西堂。冕皆大夫也劉鉞屬立於東西廂之前堂鉞音越說文云大斧也一人冕執戣立于東垂。一人冕執瞿立于西垂。戣瞿皆戟屬立于東西下之階上戣音逵瞿其俱反徐音懼一人冕執銳立于側階。銳矛屬也側階北下立階上銳以稅反王麻冕黼裳由賓階隮。王及羣臣皆吉服用西階升不敢當主隮子西反徐子詣反

重言 由賓階隮二 重見下文

卿士邦君麻冕蟻裳入即位。公卿大夫及諸侯皆同服亦廟中之禮蟻裳名色玄蟻魚綺反太保、太史。

大宗皆麻冕彤裳執事各異裳彤纁也太宗上宗即宗伯也大保承介圭上宗奉同瑁由阼階隮大圭尺二寸天子守之故奉以奠康王所以同爵名瑁所以冒諸侯圭以齊瑞信方四寸邪刻之用阼階升由便不嫌瑁莫報反大史秉書由賓階隮御王冊命太史持冊書顧命進康王故同階曰皇后憑玉几道揚末命命汝嗣訓冊命之辭大君成王言憑玉几所道稱揚終命所以感動康王命汝繼嗣其道言任重因以託戒憑皮冰反臨君周邦率循大卞用是道臨君周國率羣臣循大法卞皮彥反徐扶變反燮和天下用荅揚文武之光訓言用和道和天下用對揚聖祖文武之大教敘成王意（重意）荅揚文武之光訓君牙對揚文武之光命王再拜興荅曰眇眇予末小子其能而亂四方以敬忌天威言微微我淺末小子其能如父祖治四方以敬忌天威德乎謙辭託不能眇彌小反乃受同瑁

三一三

王三宿三祭三咤。王受瑁為主受同以祭禮成於三故酌者實三爵於王王三進爵三祭酒三奠爵告已受羣臣所傳顧命咤陟嫁反字亦作宅又音妬徐又音託又豬夜反說文作詫丁故反奠爵也馬本作詫與說文音義同上宗曰饗祭以受福讚王曰饗福酒太保受同降。受王所饗同下堂反於篚盥以異同秉璋以酢。太保以盥手洗異同實酒秉璋以酢祭半圭曰璋臣所奉王已祭太保又祭報祭曰酢酢才各反授宗人同拜王荅拜。宗人小宗伯佐太宗者太宗供王宗人供太保拜白已傳顧命故授宗人同拜王荅拜尊所受命供音恭太保受同祭嚌太保既拜而祭既祭受福嚌至齒則王亦至齒王言饗太保言嚌互相備嚌才細反互音護宅授宗人同拜王荅拜太保居其所授宗人同拜白成王以事畢王荅拜敬所白宅如字馬同徐殆故反重言王荅拜二重見下文太保降收。太保下堂則王亦可知有司於此盡收徹徹丑列反又徐直列反諸侯出廟門俟言諸侯則卿士已下亦可知殯之所處故曰廟皆待王後命處昌呂反

康王之誥第二十五　周書　孔氏傳

康王既尸天子（尸主也主天子之正號康王既尸天子馬本此句上更有成王崩三字）遂誥諸侯作康王之誥。（既受顧命羣臣陳戒遂誥報之因事曰遂【遂】求諸侯之見匡弼）

王出在應門之內。（出畢門立應門內之中庭南面）太保率西方諸侯入應門左。畢公率東方諸侯入應門右。（二公爲二伯各率其所掌諸侯隨其方爲位皆北面）皆布乘黃朱（諸侯皆陳四黃馬朱鬣以爲庭實乘繩證反鬣力輒反）賓稱奉圭兼幣曰。一二臣衛敢執壤奠（賓諸侯也舉奉圭兼幣之辭言一二見非一也爲蕃衛故曰臣衛來朝而遇國喪遂因見新王敢執壤地所出而奠贄也壤如丈反見賢遍反下同【蕃】方袁反【朝】直遥反【喪】息浪反【贄】音至）皆再拜稽首王義嗣德荅拜（諸侯拜送幣而首至地盡禮也康王以義繼先人明德荅其拜受其幣【盡】子忍反）【重言】皆再拜稽首一見下文。太保暨芮伯咸進相揖皆再拜稽首冢宰攝司徒皆共羣臣諸侯並進陳戒不言諸侯以內見外曰。敢敬告天子。皇天改大邦殷之命。大天改大國殷之王命謂誅紂也重意皇天改大邦殷之命召誥皇天上帝改厥元子茲大國殷之命可。召誥天既遐終大邦殷之命惟周文武誕受羑若克恤西土言文武大受天道而順之能憂我西土之民本其所起羑羊九反馬云道也惟新陟王畢協賞罰戡定厥功。用敷遺後人休惟周家新升王位當盡和天下賞罰能定其功用布遺後人之美言施及子孫無窮戡音堪遺唯季反注及下同敷以鼓反今王敬之哉敬天道務崇先人之美重意今王敬之哉呂刑篇敬之哉張皇六師。無壞我高祖寡命。言當張大六師之衆無壞我高德之祖寡有之教命壞音怪王若曰。庶邦侯甸男衛。順其成而告之不言羣臣以外見內馬本從此以下爲康王之誥又天與顧命差異叙歐陽大小夏侯同爲顧命重意庶邦侯甸男衛康誥侯甸男邦采衛酒誥侯甸男衛惟予一人釗報誥報其戒昔君文武丕平富不務咎言先君文武道大政化平美不務咎惡(重意)昔君文武罔命昔在文武底至齊信用昭明于天下致行至中信之道用顯明於天下言聖德洽(底)之履反(至)鄭馬讀絕句則亦有熊羆之士不二心之臣保乂王家言文武既聖則亦有勇猛如熊羆之士忠一不二心之臣共安治王家(熊)音雄(羆)彼皮反(重意)則亦有熊羆之士泰誓如熊如羆用端命于上帝皇天用訓厥道付畀四方君聖臣良用受端直之命於上天大天用順其道付與四方之國王天下畀必利反徐甫至反(王)于況反乃命建侯樹屏在我後之人言文武乃施政令立諸侯樹以爲蕃屏傳王業在我後之人謂子孫今予一二伯父尚胥暨顧綏爾先公之臣服于先王天子稱同姓諸侯曰伯父言今我一二伯父庶幾相與顧念文武之道安汝先公之臣服於先王而法循

之雖爾身在外。乃心罔不在王室言雖汝身在外土爲諸侯汝心常當忠篤無不在王室熊羆之士劉朝臣比督諸侯用奉恤厥若無遺鞠子羞當各用心奉憂其所行順道無自荒怠遺我稚子之羞辱稚子康王自謂也鞠音菊羣公既皆聽命。相揖趨出。已聽誥命趨出罷退諸侯歸國朝臣就次王釋冕反喪服。脫去黼冕反服喪服居倚廬音去羌呂反

監本纂圖重言重意互註尚書卷第十一

監本纂圖重言重意互註尚書卷第十二

畢命第二十六　周書　孔氏傳

康王命作冊畢命爲冊書以命畢公分居里成周郊分別民之居里異其善惡成定東周郊境使有保護別彼列反作畢命。畢命言畢公見命之書惟十有二年。六月庚午朏康王即位十二年六月三日庚午朏普忽反徐芳尾反又芳憒反〔重意〕六月庚午朏召誥篇三月惟丙午朏越三日壬申。王朝步自宗周。至于豐於朏三日壬申王朝行自宗周至于豐宗周鎬京豐文王所都朝陟遥反〔鎬〕戶老反〔重言〕王朝步自宗周至于豐三武成召誥本篇他篇無宗字以成周之衆。命畢公保釐東郊用成周之民衆命畢公使安理治正成周東郊令得所〔釐〕力之反〔治正〕上直吏反一本作治政則依字讀〔令〕力呈反王若曰。嗚呼。父師。惟文王武王。敷大德于天下。用克

受殷命。王順其事歎告畢公代周公爲大師爲東伯命之代君陳言文武布大德於天下故天佑之用能受殷之
王命(大)(師)音泰惟周公左右先王綏定厥家言周公助先王安定其家毖
殷頑民遷于洛邑密邇王室式化厥訓毖殷頑民恐其叛亂
故徙於洛邑密近王室用化其教(毖)音秘(近)如字又附近之近既歷三紀世變風移四
方無虞。予一人以寧。言殷民遷周已經三紀世代民易頑者漸化四方無可度之事我天子用
安矣十二年曰紀父子曰世(度)待洛反舊作待路反(重意)予一人以寧康誥則予一人以懌道有升降。
政由俗革。不臧厥臧。民罔攸勸。天道有上下交接之義政教有用俗改更
之理民之俗善以善養之俗有不善以法御之若乃不善其善則民無所勸慕(慕上)時掌反(更)古行反惟公懋德。
克勤小物。弼亮四世。正色率下。罔不祗師言。言公
勉行德能勤小物輔佐文武成康四世爲公卿正色率下下人無不敬仰師法(懋)音茂嘉績多于先

王。予小子垂拱仰成。公之善功多大先人之美我小子爲王垂拱仰公成理言其上顯父兄下施子孫拱九勇反仰如字徐五亮反【重言】予小子六泰誓武成金滕洛誥君陳本篇【重意】垂拱仰成武成垂拱而天下治王曰。嗚呼。父師。今予祗命公以周公之事。往哉。今我敬命公以周公所爲之事往爲之哉言非周公所爲不敢枉公往治治直吏反旌別淑慝。表厥宅里。彰善癉惡。樹之風聲。言當識別頑民之善惡表異其居里明其爲善病其爲惡立其善風揚其善聲別彼列反癉丁但反弗率訓典。殊厥井疆。俾克畏慕。其不循教道之常則殊其井居田界使能畏爲惡之禍慕爲善之福所以沮勸俾必爾反沮辭汝反又慈呂反申畫郊圻。慎固封守。以康四海。郊圻雖舊所規畫當重分明之又當謹慎堅固封疆之守備以安四海京圻安則四海安矣守徐始救反重直用反政貴有恆。辭尚體要。不惟好異。政以仁義爲常辭以理實爲要故貴尚之若異於先王君子所不好好呼報反商俗靡靡。利口惟賢。餘風未殄。公其念哉紂以靡靡利口惟賢覆亡國家今殷民利口餘風未絶公其念絶之覆芳服反重意公其念哉益稷帝其念哉大禹謨帝念哉益稷伊訓念哉

我聞曰。世祿之家。鮮克由禮。以蕩陵德。實悖天道。特言我聞自古有之世有祿位而無禮教少不以放蕩陵邈有德者如此實亂天道鮮息淺反悖布内反重言我聞曰六無逸二康誥多士君陳本篇各一

敝化奢麗。萬世同流。言敝俗相化車服奢麗雖相去萬世若同一流敝步寐反

茲殷庶士。席寵惟舊。怙侈滅義。服美于人。此殷衆士居寵日久怙恃奢侈以滅德義服飾過制美於其民言僣上怙音戶

驕淫矜侉。將由惡終。雖收放心。閑之惟艱。言殷衆士驕恣過制矜其所能以自侉大如此不變將用惡自終雖今順從周制心未厭服以禮閑禦其心惟艱侉苦瓜反厭於葉反又於甲反又於豔反

資富能訓。惟以永年。惟德惟義。時乃大訓。不由古

訓于何其訓以富貴而能順義則惟可以長年命矣惟有德義是乃大順若不用古訓典籍於何其能順乎

王曰。嗚呼。父師。邦之安危。惟茲殷士。不剛不柔。厥德允修。言邦國所以安危惟在和此殷士而已治之不剛不柔寬猛相濟則其德政信修立惟周公克慎厥始。惟君陳克和厥中。惟公克成厥終。周公遷殷頑民以消亂階能慎其始君陳弘周公之訓能和其中畢公闡二公之烈能成其終三后協心。同厎于道。道洽政治。澤潤生民。三君合心爲一終始相成同致于道道至普洽政化治理其德澤惠施乃浸潤生民言三君之功不可不尚政治直吏反施始豉反浸子鴆反重意道洽政治澤潤生民舜典好生之德洽于民心四夷左衽。罔不咸賴。予小子永膺多福。言東夷西戎南蠻北狄被髮左衽之人無不皆恃賴三君之德我小子亦長受其多福衽而甚反又而鴆反重言予小子六泰誓武成金縢洛誥君陳本篇重意予小子永膺多福君陳惟予一人膺受多福公其惟時成周建無窮之基。亦有無窮之聞。（公其惟以是成周之治爲周家立無窮之基業於公亦有無窮之名聞於後世（爲）于僞反）子孫訓其成式惟乂（言後世子孫順公之成法惟以治）嗚呼。罔曰弗克惟既厥心（人之爲政無曰不能惟在盡其心而已）罔曰民寡惟慎厥事。（無曰人少不足治也惟在慎其政事無敢輕之（少）詩照反）欽若先王成烈以休于前政（敬順文武成業以美於前人之政所以勉畢公）

君牙第二十七　周書　孔氏傳

穆王命君牙爲周大司徒作（穆王康王孫昭王子穆王名滿（君）君牙或作君雅）君牙（君牙臣名）君牙（命以其名遂以名篇）王若曰。嗚呼。君牙（順其事而歎稱其名而命之）惟乃祖乃父世篤忠貞服勞王家厥有成績紀于太常。言汝父祖世厚忠貞服事勤勞王家其有成功見紀錄書於王之太常以表顯之王之旌旗畫日月曰太常畫胡卦反（重言）乃祖乃父五餘見盤庚惟予小子。嗣守文武惟我小子繼守

成康遺緒亦惟先王之臣。克左右亂四方。先王遺業亦惟父祖之臣能佐助我治四方言己無所能（重言）惟予小子二又見泰誓（重意）嗣守文武成康遺緒顧命嗣守文武大訓

心之憂危。若蹈虎尾。涉于春冰。言祖宗之大已才之弱故心懷危懼虎尾畏噬春冰畏陷危懼之甚蹈徒報反噬市制反陷陷沒之陷

今命爾予翼作股肱心膂。今命汝爲我輔翼股肱心膂之臣言委任膂音旅（重意）作股肱心膂益稷臣作朕股肱耳目

纘乃舊服。無忝祖考。弘敷五典。式和民則。繼汝先祖故所服忠勤無辱累祖考之道大布五常之教用和民令有法則累劣僞反令力呈反（重意）纘乃舊服仲虺之誥纘禹舊服○弘敷五典周官敷五典舜典謹徽五典

爾身克正。罔敢弗正。民心罔中。

惟爾之中言汝身能正則下無敢不正民心無中從汝取中必當正身示民以中正夏暑雨小民惟曰怨咨夏月暑雨天之常道小人惟曰怨歎咨嗟言心無中也冬祁寒小民亦惟曰怨咨冬大寒亦天之常道民猶怨嗟〔互註〕記緇衣君雅曰夏日暑雨小民惟曰怨資冬祁寒小民亦惟曰怨注云資當爲至齊魯之語聲之誤也祁之言是也齊西偏之語也厥惟艱哉思其艱以圖其易。民乃寧。天不可怨民猶怨嗟治民其惟艱哉當思慮其難以謀其易民乃安易以豉反〔重意〕厥惟艱哉伊訓茲惟艱哉泰誓昊惟艱哉嗚呼。丕顯哉文王謨。歎文王所謀大顯明丕承哉武王烈。言武王業美大可承奉啓佑我後人。咸以正罔缺。文武之謀業大明可承奉開助我後嗣皆以正道無邪缺缺苦穴反〔重意〕啓佑我後人太甲啓迪後人爾惟敬明乃訓。用奉若于先王。汝惟當敬明汝五教用奉順于先王之道對揚文武之光命。追配于前人。言當答揚文武光明之命君臣各追配於前令名之人【重意】對揚文武之光命顧命用荅揚文武之光訓王若曰。君牙。乃惟由先正舊典時式。民之治亂在玆。汝惟當奉用先正之臣所行故事舊典文籍是法民之治亂在此而已用之則民治廢之則民亂治直吏反下注同率乃祖考之攸行。昭乃辟之有乂。言當循汝父祖之所行明汝君之有治功辟必亦反【重言】率乃祖考之攸行太甲率乃祖之攸行

冏命第二十八　周書　孔氏傳

穆王命伯冏。爲周太僕正。伯冏臣名也太僕長太御中大夫冏九永反亦作臩長誅丈反作冏命。冏命。以冏見命名篇王若曰。伯冏。惟予弗克于德。嗣先人宅丕后。順其事以命伯冏言我不能於道德繼先人居大君之位人輕任重怵惕惟厲。中夜以興。思免厥愆。言常悚懼惟危夜半以起思所以免其過悔怵

勑律反（暢）他歷反

昔在文武，聰明齊聖，小大之臣，咸懷忠良。聰明視聽遠，齊通無滯礙。臣雖官有尊卑，無不忠良。（礙）五代反。（重意）昔在文武康王之誥　昔君文武。聰明齊聖堯典　聰明文思微子之命　齊聖廣淵

其侍御僕從，罔匪正人。雖給侍進御僕役從官，官雖微，無不用中正之人。（御）如字，一音禦。（從）才用反，注及下注侍從同。

以旦夕承弼厥辟，出入起居，罔有不欽。小臣皆良，僕役皆正，以旦夕承輔○其君，故君出入起居無有不敬。（重意）罔有不欽盤庚下　罔有弗欽　下文　罔有不臧

發號施令，罔有不臧。下民祗若，萬邦咸休。言文武發號施令，無有不善，下民敬順其命，萬國皆美其化。（重言）萬邦咸休二　本篇　洛誥　大禹謨　萬邦咸寧

惟予一人無良，實賴左右前後有位之士，匡其不及。惟我一人無善，實恃左右前後有職位之士，匡正其不及。言此責羣臣正己。○（重意）惟予一人無良泰誓　惟予小子無良　君陳　康王之誥　惟予一人

繩愆糾謬，格其非

心。俾克紹先烈。言侍左右之臣彌正過誤檢其非妄之心使能繼先王之功業（繩）市陵反（俾）必爾反

今予命汝作大正。正于羣僕侍御之臣。欲其教正羣僕無敢佞僞

懋乃后德。交修不逮。言侍御之臣無小大親踈皆當勉汝君爲德更代修進其所不及（更）古衡反

愼簡乃僚。無以巧言令色便辟側媚。其惟吉士。當謹愼簡選汝僚屬侍臣無得用巧言無實令色無質便辟足恭側媚諂諛之人其惟皆吉良正士（便）婢綿反（辟）匹亦反徐扶亦反（足）將住反（諛）徐以朱反（重意）無以巧言令色皐陶謨何畏乎巧言令色（重言）其惟吉士二立政本篇

僕臣正。厥后克正。僕臣諛。厥后自聖。言僕臣皆正則其君乃能正僕臣諂諛則其君乃自謂聖（重意）僕臣諛厥后自聖說命良臣惟聖

后德惟臣。不德惟臣。君之有德惟臣成之君之無德惟臣誤之言君所行善惡專在左右

爾無昵于憸人。充耳目之官。迪上以非先王之典。汝無親近於憸利小子之人充備侍

從在視聽之官道君上以非先王之法暱女乙反憸息廉反徐七漸反利口也本亦作思近附近之近道音導非人其吉。惟貨其吉若非人其實吉良惟以貨財配其吉良以求入于僕侍之臣汝當清審若時瘝厥官若用是行貨之人則病其官職瘝故頑反惟爾大弗克祗厥辟。惟予汝辜用行貨之人則惟汝大不能敬其君惟我則亦以此罪汝言不忠也王曰嗚呼。欽哉永弼乃后于彝憲歎而勑之使敬用所言當長輔汝君於常法此穆王庶幾欲蹈行常法重言欽哉八堯典大禹謨微子之命本篇各一舜典益稷各二

## 呂刑第二十九　周書　孔氏傳

呂命呂侯見命爲天子司寇穆王訓夏贖刑呂侯以穆王命作書訓暢夏禹贖刑之法更從輕以布告天下贖音蜀注下同作呂刑。呂刑後爲甫侯故或稱甫刑惟呂命王享國百年耄荒言呂侯見命爲卿時穆王以享國百年耄亂荒忽穆王即位過四十矣言百年大期

雖老而能用賢以揚名〔耄〕本亦作薹毛報反切韻莫報反**度作刑以詰四方**度時世所宜訓作贖刑以治天下四方之民〔度〕待洛反注同馬如字云法度也〔詰〕起一反

**王曰若古有訓蚩尤惟始作亂延及于平民**順古有遺訓言蚩尤造始作亂惡化相易延及於平善之人九黎之君號曰蚩尤〔蚩〕尺之反〔尤〕有牛反馬云少昊之末九黎君名**罔不寇賊鴟義姦宄奪攘矯虔**平民化之無不相寇賊爲鴟梟之義以相奪攘矯稱上命若固有之亂之甚〔鴟〕尺之反鴟梟惡鳥馬云鴟輕也〔義〕本亦作誼〔攘〕如羊反〔矯〕居表反〔虔〕其然反

**苗民弗用靈制以刑惟作五虐之刑曰法**三苗之君習蚩尤之惡不用善化民而制以重刑惟爲五虐之刑自謂得法蚩尤黃帝所滅三苗帝堯所誅言異世而同惡

〔互註〕記緇衣君民者子以愛之則民親之信以法之則民不倍恭以涖之則民有孫心甫刑曰苗民匪用命制以刑惟作五虐之刑曰法是以民有惡德而遂絕其世也

**殺戮無辜爰始淫爲劓刵椓黥**三苗之主頑凶若民敢行虐刑以殺戮無罪於是始大爲截人耳鼻

椓陰𪑰面以加無辜故曰五虐〔劓〕魚器反刵如志反〔椓〕丁角反〔𪑰〕其京反越茲麗刑并制罔差有辭苗民於此施刑并制無罪無差有直辭者言淫濫〔麗〕力馳反并必政反民興胥漸泯泯棼棼罔中于信以覆詛盟三苗之民瀆於亂政起相漸化泯泯爲亂棼棼同惡皆無中于信義以反背詛盟之約〔泯〕面忍反徐音民棼扶云反徐扶文反〔覆〕芳服反徐敷目反〔詛〕側助反〔背〕音佩〔約〕如字又於妙反虐威庶戮方告無辜于上。上帝監民。罔有馨香德。刑發聞惟腥三苗虐政作威衆被戮者方方各告無罪於天天視苗民無有馨香之行其所以爲德刑發聞惟乃腥臭聞音問又如字注同〔腥〕音星〔行〕下孟反〔重意〕罔有馨香德刑發聞惟腥　酒誥弗惟德馨香祀登聞于天君陳至治馨香感于神明皇帝哀矜庶戮之不辜報虐以威遏絕苗民。無世在下皇帝帝堯也哀矜衆被戮者之不辜乃報爲虐者以威誅遏絕苗民使無世位在下國也〔君〕〔帝〕君宜作皇字帝堯也〔遏〕於葛反乃命重黎絕地天通。

罔有降格重即羲黎即和堯命羲和世掌天地四時之官使人神不擾各得其序是謂絕地天通言天神無有降地地祇不至於天明不相干○重直龍反注同○黎力兮反羣后之逮在下明明棐常。鰥寡無蓋羣后諸侯之逮在下國皆以明明大道輔行常法故使鰥寡得所無有掩蓋棐音匪又芳鬼反鰥居頑反

皇帝清問下民鰥寡有辭于苗帝堯詳問民患皆有辭怨於苗民○清問馬云清訊也德威惟畏德明惟明言堯監苗民之見怨則又增修其德行威則民畏服明賢則德明人所以無能名焉（互註）記表記後世雖有作者虞舜弗可及也已矣君天下生無私死不厚其子子民如父母有憯怛之愛有忠利之教親而尊安而敬威而愛富而有禮惠而能散其君子尊仁畏義恥費輕實忠而不犯義而順文而靜寬而有辨甫刑曰德威惟威德明惟明非虞帝其孰能如此乎

乃命三后恤功于民伯夷降典。折民惟刑。禹平水土。主名山川稷降播種農殖嘉穀伯夷下典禮教民而斷以法禹治洪水山川無名者主名之后稷下教民

播種農畝生善穀所謂堯命三君憂功於民〔肫〕之訒反下同○
馬鄭王皆音扶馬云智也〔種〕章用反〔殖〕承力反〔斷〕丁亂反
〔重意〕禹平水土舜典咨禹汝平水土○稷降播種農殖嘉穀舜典汝后稷播時百穀**三后成功惟**
**殷于民**各成其功惟所以殷盛於民言禮教備衣食足**士制百姓于刑之中**
**以教祗德**言伯夷道民典禮斷之以法皐陶作士制百官於刑之中助成道化以教民爲敬德〔祗〕止而反○
〔重意〕士制百姓于刑之中大禹謨民協于中君陳惟厥中下文故乃明于刑之中**穆穆在上明**
**明在下灼于四方罔不惟德之勤**堯躬行敬敬在上三后之徒秉
明德明君道於下灼然彰著四方故天下之士無不惟德之勤〔重意〕灼于四方堯典光被四表泰誓光于四方**故**
**乃明于刑之中率乂于民棐彝**天下皆勤立德故乃能明於用刑之中正
循道以治於民輔成常教〔治〕直吏反**典獄非訖于威惟訖于富**言堯時主獄有威有
德有恕非絶於威惟絶於富世治貨賂不行〔賂〕來故反**敬忌罔有擇言在身**堯時典獄

皆能敬其職忌其過故無有可擇之言在其身〔互註〕記表記子曰君子不失口於人是故君子言足信也甫刑曰敬忌而罔有擇言在躬

**惟克天德。自作元命。配享在下。**凡明於刑之中無擇言在身必是惟能天德自為大命配享天意在於天下

**王曰嗟四方司政典獄。非爾惟作天牧。**主政典獄謂諸侯也非汝惟為天牧民乎言任重是汝〔為〕于偽反〔任〕〔重〕上而鴆反下輕重之重

**今爾何監。非時伯夷播刑之迪。**言當視是伯夷布刑之道而法之

**其今爾何懲。惟時苗民匪察于獄之麗。**其今汝何懲戒乎所懲戒惟是苗民非察於獄之施刑以取滅亡〔麗〕力馳反

**罔擇吉人。觀于五刑之中。惟時庶威奪貨。**言苗民無肯選擇善人使觀視五刑之中正惟是衆為威虐者任之以奪取人貨所以為亂

**斷制五刑。以亂無辜。上帝不蠲。降咎于苗。**苗民任奪貨姦人斷制五刑以亂加無罪天不絜其所為故下咎罪謂誅之〔蠲〕吉緣反〔咎〕其九反

**苗民無辭**

三三五

于罰乃絶厥世言罪重無以辭於天罰故堯絶其世申言之爲至戒王曰嗚呼
念之哉念以伯夷爲法苗民爲戒(重意)念之哉益稷伊訓念哉伯父伯兄仲叔
季弟幼子童孫皆聽朕言庶有格命皆王同姓有父兄弟子孫
列者伯仲叔季順少長也舉同姓包異姓言不殊也聽從我言庶幾有至天命(聽)如字又他經反(少)詩照反(長)丁丈反(重意)
皆聽朕言湯誥悉聽朕言盤庚明聽朕言泰誓咸聽朕言舜典咸聽朕命今爾罔不由慰日
勤爾罔或戒不勤今汝無不用安自居曰當勤之汝無有徒念戒而不勤(日)勤上人實反一
音曰天齊于民俾我一日非終惟終在人天整齊於下民使我爲之
一日所行非爲天所終惟爲天所終在人所行(天齊于民)絶句馬云齊中也(俾我)絶句上必爾反馬本作矜矜哀也爾
尚敬逆天命以奉我一人雖畏勿畏雖休勿休
汝當庶幾敬逆天命以奉我一人之戒行事雖見畏勿自謂可敬畏雖見美勿自謂有德美(重意)以奉我一人泰誓奉

予一人惟敬五刑，以成三德。一人有慶，兆民賴之，其寧惟永。先戒以勞謙之德，次教以惟敬五刑，所以成剛柔正直之三德也。天子有善則兆民賴之，其乃安寧長久之道。〔重意〕一人有慶，表誓亦尚一人之慶。〔互註〕左襄十三年蔿讓禮之主也范宣子讓其下皆讓欒黶為汰弗敢違也晉國以平數世賴之刑善也夫一人刑善百姓休和可不務乎書曰一人有慶兆民賴之其寧惟永其是之謂乎

王曰：吁！來，有邦有土，告爾祥刑。吁，歎也。有國土諸侯，告汝以善用刑之道。〔吁〕況于反，馬作于，于，於也。在今爾安百姓，何擇非人？何敬非刑？何度非及？在今爾安百姓兆民之道，當何所擇，非惟吉人乎？當何所敬，非惟五刑乎？當何所度，非惟及世輕重所宜乎？〔度〕待洛反，注同。馬云：謀造也。兩造具備，師聽五辭。兩謂囚證，造，至也。兩至具備，則眾獄官共聽其入五刑之辭。〔造〕七報反，注同。五辭簡孚，正于五刑。五辭簡核，信有罪驗，則正之於五刑。五刑不簡，正于五罰。不簡核，謂不應五刑，當正五罰，出金贖罪。〔核〕幸格反。五

罰不服。正于五過

不服不應罰也正於五過從赦免〔應〕應對之應下同

五過之疵惟官惟反惟內惟貨惟來

五過之所病或嘗同官位或詐反囚辭或內親用事或行貨枉法或舊相往來皆病所在〔疵〕才斯反〔來〕馬本作求云有求請賕也

其罪惟鈞。其審克之

以病所在出入人罪使在五過罪與犯法者同其當清察能使之不行【重言】其克審之四下文三

五刑之疑有赦。五罰之疑有赦。其審克之

刑疑赦從罰罰疑赦從免其當清察能得其理【重意】五罰之疑有赦大禹罪疑惟輕

簡孚有衆。惟貌有稽

簡核誠信有合衆心惟察其貌有所考合重刑之至

無簡不聽。具嚴天威

無簡核誠信不聽理其獄皆當嚴敬天威無輕用刑

墨辟疑赦。其罰百鍰。閱實其罪

刻其顙而涅之曰墨刑疑則赦從罰六兩曰鍰鍰黃鐵也閱實其罪使與罰各相當〔辟〕婢亦反〔鍰〕徐戶關反六兩也鄭及爾雅同說文云六鋝也鋝十一銖二十五分銖之十三也馬同又云賈逵說俗儒以鋝重六兩周官劍重九鋝俗儒近是〔閱〕音悅〔顙〕素黨

反涅乃結反重言閱實其罪五連見下文四劓辟疑赦其罰惟倍閱實其罪截鼻曰劓刑倍百爲二百鍰剕辟疑赦其罰倍差閱實其罪刖足曰剕倍差謂倍之又半爲五百鍰剕扶謂反倍差測加反傳云五百鍰也馬云倍二百爲四百差者又加四百之三分之一凡五百三十三鍰三分鍰之一也刖音月又五罰反絕也宮辟疑赦其罰六百鍰閱實其罪宮淫刑也男子割勢婦人幽閉次死之刑序五刑先輕轉至重者事之宜大辟疑赦其罰千鍰閱實其罪死刑也五刑疑各入罰不降相因古之制也墨罰之屬千。劓罰之屬千。剕罰之屬五百。宮罰之屬三百。大辟之罰其屬二百。五刑之屬三千別言罰屬合言刑屬明刑罰同屬互見其義以相備見賢遍反上下比罪。無僭亂辭。勿用不行上下比方其罪無聽僭亂之辭以自疑勿用折獄不可行僭子念反惟察惟法。其審克之惟當清察罪人之辭刑以法理其當詳審能之上刑適輕下服重刑有可以虧減則之輕服下罪下刑適重上服輕重諸罰有權一人有二罪則之重而輕并數輕重諸刑罰各有權宜并必政反數色住反刑罰世輕世重惟齊非齊有倫有要言刑罰隨世輕重也刑新國用輕典刑亂國用重典刑平國用中典凡刑所以齊非齊各有倫理有要義罰懲非死人極于病刑罰所以懲過非殺人欲使惡人極於病苦莫敢犯者非佞折獄惟良折獄罔非在中非口才可以斷獄惟平良可以斷獄無不在中正重意罔非在中君陳爾惟勿有惟厥中察辭于差非從惟從察囚辭其難在於差錯非從其爲辭惟從其本情哀敬折獄明啓刑書胥占咸庶中正當憐下人之犯法敬斷獄之害人明開刑書相與占之使刑當其罪皆庶幾必得中正之道當丁浪反其刑其罰其審克之其所刑其所罰其當詳審能行之無失中正重言其審克之四上

二文獄成而孚輸而孚斷獄成辭而信當輸汝信於王謂上其鞫劾文辭〔上〕時掌反下注同〔鞫〕九六反〔劾〕亥代反玉篇胡得反其刑上備有并兩刑其斷刑文書上王府皆當備具有并兩刑亦具上之王曰嗚呼敬之哉官伯族姓朕言多懼敬之哉告使敬刑官長諸侯族同族姓異姓也我言多可戒懼以儆之〔儆〕音景〔重言〕敬之哉二前見康王之誥朕敬于刑有德惟刑我敬於刑當使有德者惟典刑今天相民作配在下明清于單辭今天治民人君爲配天在下當承天意聽訟當清審單辭單辭特難聽故言之〔相〕如字馬悉亮反助也〔治〕直吏反民之亂罔不中聽獄之兩辭民之所以治由典獄之無不以中正聽獄之兩辭兩辭棄虛從實刑獄清則民治無或私家于獄之兩辭典獄無敢有受貨聽詐成私家於獄之兩辭獄貨非寶惟府辜功報以庶尤受獄貨非家寶也惟聚罪之事其報則以衆人見罪永畏惟罰非天不中。

惟人在命當長畏懼惟爲天所罰非天道不中惟人在教命使不中不中則天罰之天罰不極庶民罔有令政在于天下天道罰不中令衆民無有善政在於天下由人主不中將亦罰之令力呈反王曰嗚呼嗣孫今往何監非德于民之中尚明聽之哉嗣孫諸侯嗣世子孫非一世自今已往當何監視非當立德於民爲之中正乎庶幾明聽我言而行之哉哲人惟刑無疆之辭屬于五極咸中有慶言智人惟用刑乃有無窮之善辭名聞於後世以其折獄屬五常之中正皆中有善所以然也屬音燭受王嘉師監于茲祥刑有邦有土受王之善衆而治之者視於此善刑欲其勤而法之爲無疆之辭

監本纂圖重言重意互註尚書卷第十二

# 監本纂圖重言重意互註尚書卷第十三

文侯之命第三十　周書　孔氏傳

平王錫晉文侯秬鬯圭瓚以圭爲杓柄謂之圭瓚平王馬本無平字錫星歷反馬本作賜秬音巨鬯勑亮反瓚才但反杓上灼反柄彼病反作文侯之命。所以名篇幽王爲犬戎所殺平王立而東遷洛邑晉文侯迎送安定之故錫命焉

文侯之命平王命爲侯伯

王若曰。父義和順其功而命之文侯同姓故稱曰父義和字也稱父者非一人故以字別之義本亦作誼和馬云能以義和諸侯別彼列反重言父義和三連見下文丕顯文武克慎明德大明乎文王武王之道能詳慎顯用有德昭升于上。敷聞在下。惟時上帝集厥命于文王。更述文王所以王也言文王聖德明升于天而布聞在下民惟以是故上天集成其王命德流子孫聞音問以王于況反亦惟先正克左右昭事厥辟言君既聖明亦惟先正官賢臣

能左右明享其君所以然辟必亦反【重意】克左右昭事厥辟大甲上克左右厥辟越小大謀猷。文王君聖臣良於小大所謀道德天下無不循從其

罔不率從肆先祖懷在位化故我後世先祖歸在王位

嗚呼。閔予小子嗣造天丕愆歎而自痛傷也言我小子而遭天大罪過父死國敗祖業隤隕予如字又音與愆去虔反隤杜回反隕于敏反【重意】閔予小子泰誓君牙惟予小子泰誓肆予小子大誥越予小子康誥汝惟小子洛誥以予小子周官今予小子

殄資澤于下民侵戎我國家純言周邦喪亂絕其資用惠澤于下民侵戎兵傷我國及御大夫之家禍甚大殄大見反

即我御事罔或耆壽俊在厥服予則罔克所以遇禍即我治事之臣無有耆宿壽考俊德在其服位我則林劣無能之致

曰惟祖惟父其伊恤朕躬。嗚呼有績予一人永綏在位。王曰同姓諸侯在我惟祖惟父列者其惟當憂念我身嗚呼能有成功則我一人長安在王位言恃諸侯【重意】永綏在位微子之命永綏厥位

父

義和汝克昭乃顯祖重稱字親之不稱名尊之言汝能明汝顯祖唐叔之道重直用反

（重言）父義和三並本篇

汝肇刑文武用會紹乃辟追孝于前文人言汝今始法文武之道矣當用是道合會繼汝君以善使追孝於前文德之人汝君平王自謂也繼先祖之志為孝辟扶亦反

汝多修扞我于艱若汝予嘉戰功曰多言汝之功多甚修矣乃扞我於艱難謂救周誅犬戎汝功我所善之扞下旦反徃同

王曰父義和其歸視爾師寧爾邦遣令還晉國其歸視汝衆安汝國內上下令力呈反

用賚爾秬鬯一卣黑黍曰秬釀以鬯草不言圭瓚可知卣中罇也當以錫命告其始祖故賜鬯賚力代反卣音酉又音由釀女亮反

彤弓一彤矢百盧弓一盧矢百彤赤盧黑也諸侯有大功賜弓矢然後專征伐彤弓以講德習射藏示子孫彤徒冬反

馬四匹馬供武用四匹曰乘侯伯之賜無常以功大小為度供音恭

父往哉柔遠能邇惠康小民無荒寧父往歸國

哉懷柔遠人必以文德能柔遠者必能柔近然後國安安小人之道必以順無荒廢人事而自安〔重言〕往哉七舜典三盤庚微子之命康誥畢命本篇名一○柔遠能邇三舜典顧命本篇〔重意〕惠康小民無逸懷保小民又蔡仲之命康濟小民

簡恤爾都用成爾顯德當簡核汝所任憂治汝都鄙之人人和政治則汝顯用有德之功成矣不言鄙由近以及遠核戶革反治直吏反

## 費誓第三十一　周書　孔氏傳

魯侯伯禽宅曲阜始封之國居曲阜伯禽魯侯名徐戎並興東郊不開徐戎淮夷並起為冦於魯故東郊不開開舊讀皆作開馬本作闢作費誓魯侯征之於費地而誓之

誓衆也諸侯之事而連帝王孔子序書以魯有治戎征討之備秦有悔過自誓之戒足為世法故錄以備王事猶詩錄商魯之頌費音秘

費誓費魯東郊之地名公曰嗟人無譁聽命伯禽為方伯監七百里內之諸侯帥之以征歎而勑之使無諠譁欲其靜聽誓命譁戶瓜反監工銜反〔重意〕嗟人無譁聽命詳見秦誓篇

徂茲淮夷徐戎並興今往征此淮浦之夷徐州之戎並起為寇此戎夷帝王所羈縻統緒
故錯居九州之內秦始皇逐出之善敹乃甲胄。敿乃干。無敢不弔言當
善簡汝甲鎧胄兜鍪施汝楯紛無敢不令至攻堅使可用敹了彫反敿居表反弔音的鎧苦代反兜丁侯反鍪音矛楯常准反
又音允紛芳云反備乃弓矢鍛乃戈矛。礪乃鋒刃。無敢不
善備汝弓矢弓調矢利鍛錬戈矛磨礪鋒刃皆使無敢不功善鍛丁亂反礪力世反錬來見反今惟淫
舍牿牛馬今軍人惟大放舍牿牢之牛馬言軍所在必放牧也牿工毒反杜乃擭敜乃
穽。無敢傷牿。牿之傷。汝則有常刑擭捕獸機檻當杜塞之穽穿地陷獸
當以工窒敜之無敢令傷所放牿牢之牛馬牛馬之傷汝則有殘人畜之常刑杜本又作敷擭華化反徐戶覆反敜徐乃協反
又乃結反穽在性反檻戶減反重言汝則有常刑三下文二窒珍栗反畜許六反又丑六反又嗣征篇邦有常刑馬
牛其風臣妾逋。逃。勿敢越逐馬牛其有風佚臣妾逋亡勿敢棄越壘伍而求

逐之役人賤者男曰臣女曰妾逋布吳反佚音逸祗復之。我商賚汝衆人其有得佚馬牛逃臣妾皆敬還復之我則商度汝功賜與汝商如字徐音章賚力代反又音來度待洛反乃越逐不復汝則有常刑越逐為失伍不還為攘盜汝則有此常刑無敢寇攘踰垣墻軍人無敢暴劫人踰越人垣墻物有自來者無敢取之攘如羊反垣音袁【重意】無敢寇攘康誥寇攘姦宄竊馬牛。誘臣妾汝則有常刑軍人盜竊馬牛誘偷奴婢汝則有犯軍令之常刑甲戌我惟征徐戎誓後甲戌之日我惟征之峙乃糗糧無敢不逮。汝則有大刑皆當儲峙汝糗糒之糧使足食無敢不相逮及汝則有乏軍興之死刑峙直里反爾雅云具也糗去九反一音昌紹反糧音良糒音備【重言】汝則有大刑並見本篇魯人三郊三遂峙乃楨榦。甲戌我惟築總諸國之兵而但稱魯人峙具楨榦道近也題曰楨旁曰榦言三郊三遂明東郊距守不峙甲戌日當築攻敵壘距堙之屬楨音貞榦工翰反築陟六反守手又反堙音因【重言】魯人

三郊三遂二見下文無敢不供汝則有無餘刑非殺峙具楨榦無敢不供不供汝則有無餘之刑刑者非一也然亦非殺汝(供)音恭

魯人三郊三遂峙乃芻茭郊遂多積芻茭供軍牛馬不多汝則亦有乏軍興之大刑(芻)初俱反(茭)音交

無敢不多汝則有大刑(重言)汝則有大刑見上文

# 秦誓第三十二 周書 孔氏傳

秦穆公伐鄭遣三帥帥師往伐之(陸)云事見僖公三十三年(帥)色類反下注同謂孟明視西乞術白乙丙

晉襄公帥師敗諸崤崤晉要塞也以其不假道伐而敗之(囚)其三帥(崤)戶交反(塞)悉代反(假)工下反

還歸作秦誓晉舍三帥還歸秦穆公悔過作誓

秦誓貪鄭取敗悔而自誓

公曰嗟我士聽無譁誓其羣臣通稱士也(重意)嗟我士聽無譁費誓嗟人無譁聽命

予誓告汝羣言之首衆言之本要

古人有言曰民訖

自若是多盤言民之行已盡用順道是多樂古人言悔前不順忠臣樂音洛〔重言〕古人有言曰四秦誓酒誥牧誓本篇責人斯無難。惟受責俾如流。是惟艱哉人之有非以義責之此無難也若已有非惟受人責即改之如水流下是惟艱哉〔俾〕必爾反下同〔重意〕是惟艱哉伊訓茲惟艱哉君牙厥惟艱哉我心之憂日月逾邁若弗云來言我心之憂欲改過自新如日月並行過如不復云來雖欲改悔恐死及之無所益〔復〕扶又反惟古之謀人。則曰未就予忌惟為我執古義之謀人謂忠賢蹇叔等也則曰未成我所欲反忌之耳〔為〕于偽反下為我謀同惟今之謀人姑將以為親惟指今事為我所謀之人我且將以為親而用之悔前違古從今以取破敗雖則云然。尚猷詢茲黃髮則罔所愆言前雖則有云然之過今我庶幾以道謀此黃髮賢老則行事無所過矣番番良士。旅力既愆我尚有之勇武番番之良士雖衆力已過老我今庶幾欲得此人而用之〔番〕音波仡仡勇夫射御不違我尚不欲仡仡壯勇之夫雖射御不違我庶幾不欲用自悔之至〔仡〕許訖反又魚乞反馬本作訖訖無所省録之貌徐云強狀〔射〕神夜反惟截截善諞言俾君子易辭。我皇多有之。昧昧我思之惟察察便巧善爲辨佞之言使君子回心易辭我前多有之以我昧昧思之不明故也〔截〕才節反馬云辭語截削省要也〔諞〕音辨徐扶連反又甫淺反馬本作偏云少也辭約損明大辨佞之人〔易〕羊石反〔昧〕音妹如有一介臣斷斷猗無他技其心休休焉。其如有容如有束脩一介臣斷斷猗然專一之臣雖無他技藝其心休休然樂善其如是則能有所容言將任之〔介〕音界馬本作介云一介耿介一心端慤者字又作个〔个〕音工佐反〔斷〕丁亂反又音短〔猗〕於綺反又於宜反〔技〕其綺反本亦作伎〔他〕本亦作它吐何反〔樂〕音洛人之有技若己有之人之彥聖。其心好之。不啻如自其口出。是能容之人之有技若己有之樂善之至也人之美聖其心好之不啻如自其口出心好之至也是人必能容之〔好〕呼報反啻失敵反重言人之有技一下文一人之彥聖二下文一。以保我子孫黎民。亦職有利哉用此好技聖之人安我子孫衆人亦主有利哉言能興國人之有技冒疾以惡之人之彥聖而違之俾不達見人之有技藝蔽冒疾害以惡之人之美聖而違背壅塞之使不得上通冒莫報反惡烏路反背音佩壅於勇反塞先得反是不能容。以不能保我子孫黎民亦曰殆哉冒疾之人是不能容人用之不能安我子孫衆人亦曰危殆哉殆唐在反邦之杌隉。曰由一人杌隉不安言危也一人所任用國之傾危曰由所任不用賢杌五骨反隉五結反徐語折反邦之榮懷。亦尚一人之慶國之光榮爲民所歸亦庶幾其所任用賢之善也穆公陳戒背賢則危用賢則榮自誓改前過之意。

重意亦尚一人之慶呂刑一人有慶

監本纂圖重言重意互註尚書卷十三